はじめに

　「教える」の反対語は何か？「教わる」ではない。「学ぶ」である。どこが違うのだろうか？「教わる」は受け身であり、「学ぶ」は主体的である、と言える。高校までの「教わる」というスタイルの勉強は、大学では通用しない。大学では、「学ぶ」のである。学んで自らに修めるのである。それが「学修」である。高校までの「学習（学び習う）」だけでは、些か物足りない。学んだことを自らに修めるということは、「自分のもの」にするということである。すなわち、自分の人生に活かすことができるようになり、少なからず社会に貢献する、ということを意味する。

　とは言え、強制されて学んでも、「自分のもの」にはならない。だからと言って、自由に伸び伸びやれば良いのかというと、そうでもない。人には、昨日よりも今日を良くしたい、成長したい、高みを目指したい、という本能がある。覚悟を決めたら、人は自らの殻を破り、能力を開花させていく。きっかけさえ掴めば、あとは眠っているエネルギーが爆発する。すると、学んで自らに修める自分が自然に生まれてくる。

　一般職に就くにしても、起業するにしても、あるいは主婦や主夫になろうとも、自分なりの考えや想いを明確にしておかないと、年齢を重ねても味気ない人生を送ることになる。大学時代には、その時期、その年齢にしか経験できないさまざまなことに触れ、大いに学んでもらいたい。そして、「学ぶ」ことの大切さ、奥深さを実感してもらいたい。

　「自ら学ぼうとしない人に教えることはできない」という言葉がある。大学は、「学ぶ」ことを第一義とする「人生で最後の教育の場」である、ということを心に留めておきたい。大学4年間の生活の中で、さまざまな価値観に触れて、「自ら学ぼうとする人」になってもらいたい。その「学び」の場では、成功や失敗を経験するだろう。それで良いのだ。失敗し、落胆し、ときには挫折を味わうことも必要だ。「失敗は成功のもと」と言われる。人は

むしろ、失敗や無駄から学ぶことが多い。失敗や無駄が許されるのは、若い時期だけであり、教育の場だけである。その最後の場が大学なのだ。大学時代に、さまざまなことに興味を持ち、自分の可能性に挑戦してもらいたい。

そのためには、デジタル化された情報だけを鵜呑みにするのではなく、脳を使って、身体を動かし、たくさんの人と直接会って、情報を共有し、日々の課題に興味・関心を持つ、ということに挑戦してほしい。そして、自身の将来を展望してもらいたい。

本書は、体育・スポーツの理論と実践の研究と教育の活動を通じて、筆者がこれまでに考えてきたこと、伝えておきたいことなどをもとに、現代の大学生における生活とその後の人生に対する向き合い方について、親しみやすく提示したものだ。

体育・スポーツは、「身体性」「同時性」「連帯性」といった特徴を持ち、実生活で経験する多くの出来事と相通ずるものがある。事実、人生は偶然という予期せぬ出来事の連続である。例えば一流アスリートは、その偶然とも向かい合い、それを受け入れ、ひたすらに最高のパフォーマンスを発揮するために全力を尽くしている。不確実で不安定な時代だからこそ、自尊心、自己肯定感、自立心、自制心、自信、そして協調性、共感する力、思いやり、社交性、道徳性といった人生に必要となる能力を、体育・スポーツを「する・みる」という経験を介し、養ってもらいたいと思う。

学問という枠にとらわれず、本書が人生を豊かにすることのきっかけになれば、幸いである。人と比べるのではなく、自分らしい、自分だけの生き方を大学で見つけてもらいたい。

もくじ

第2章

人生を豊かにする

コラム2　新型コロナ感染症拡大が教えてくれたコミュニケーションの大切さ

第3章

健康・体力を創造する

新型コロナウイルス感染症拡大がもたらした課題／変容する社会と人生100年時代／これからの時代に求められる身体活動

第4章
アスリートに学ぶ「挑戦」「イノベーション」

第5章

未来に挑む

第1章

学びの精神

1. 人生とは?

生まれ、生き、生かし、生むというプロセス

　人という字は、よくできている。「ノ」は人の（身）体を示す。そして、支えがあってはじめて「人」になる。

　人は、支えがなければ、生きていけない。われわれは、人と人とのつながりを大切に生きていかねばならない。それではじめて「人生」となる。もちろん人生は、人それぞれ違って良い。豊かな人生を送りたいと誰もが願っている。

　「人生」という2文字からは4つの意味を見い出すことができるとして、野村克也監督が遺した言葉がある**（表1-1）**。プロ野球選手として輝かしい実績を残した後、4球団で監督を務め、数多くの選手を育てた中、辿り着いた達観でもある。

　これらを筆者なりに解釈すれば、次のようになる。

> 「人として生まれる」（運命）
> 「人として生きる」（責任と使命）
> 「人を生かす」（仕事、組織力）
> 「人を生む」（繁栄、育成）

（『格言』野村克也、2009より引用）

表1-1　人生の4つの意味

成人（大人）になるまでは、「人として生まれる」「人として生きる」ことに精一杯になれれば充分である。つまり、主語は自分で良い。生まれてからのおよそ20年間は、自我に目覚め、自分が他人とは異なる「かけがえのない存在」であることを認識し、将来におけるアイデンティティを確立するための準備期間となれば良いのである。そして、大人になったら、自己の確立を基盤として、人や社会に役立つことを念頭に置いて生きていくことが望ましい。

　また、「人を生かす」ことは、人を創ることにある、と言って良い。そして、「人を生む」とは、人を遺すことにある。

　要するに、「人として生まれる」「人として生きる」、そして「人を生かす」「人を生む」というプロセスを踏んでこそ、人の一生と言えるのである。

結果ばかりでなく、過程を大事にしてみる

　「財を遺すは下、事業を遺すは中、人を遺すは上なり」**（表1-2）**

　これは、明治〜昭和初期の政治家・医師であり、台湾の近代化に功績を残した後藤新平の言葉である。「財産を遺すことより、業績を遺すことより、人を遺すことが、人の振る舞いとして最も尊い」と解釈できる。

　創業者のカリスマ性によって、一代で財を成した会社が経営者の交代とともに、衰退の一途を辿ることは少なくない。盤石な経営事業も当然、重要ではあるが、何よりも大事なのは、人を遺すことにある。人を遺せば、財

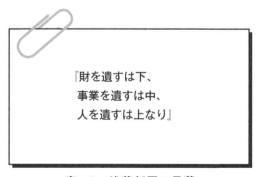

『財を遺すは下、
事業を遺すは中、
人を遺すは上なり』

表1-2　後藤新平の言葉

産も業績もついてくる。これを逆説的に捉えれば、「財産や業績ばかりに目を向けていると、いずれ事業は破綻する」と読み取れる。

　しかし今の社会は、財を遺すことが最優先になっているのではないだろうか。最近の学生らに「将来どのようになりたいか？」と問うと、少なからず「お金持ちになりたい」といった反応が返ってくる。「理由は？」と聞くと、「お金があれば、なんでもできる。楽をしたい、遊びたいから」だと言う。だが、本当にそうなのだろうか。

　「売り手よし、買い手よし、世間よし」の「三方よし」という理念がある。この考え方によれば、財を築くという本来の意味は、自己利益追求のような近視眼的なものではなく、多様な人々との共生・協働社会を目指すことにある。この考え方こそが「お金持ちになる」「お金を稼ぐ」ことの根底にあるような、そんな流儀の人生を歩みたい。

　結果だけを見るのではなく、過程を大事にしてみてはどうだろうか。そして、そこに利他の心（精神）をもって学生生活や人生を歩んでみてはどうだろう。そうすれば、きっと自身が成長・進化していくことに気づかされる。人としての営みが自ずと形成されていくに違いない。さらには、文化が継承され、社会が成熟していく一助にもなる。

小さな積み重ねを大事にし、Amazing Journeyを手に入れる

　究極のところ、人が生きるということは、人を遺す、すなわち人にしかできない創造性の文化を遺すために生きていくという、人間社会へのわずかながらも一定の貢献にあるのかもしれない。

　例えば、iPhoneの発明者として知られている伝説の人物、スティーブ・ジョブズ氏は、「The end point is not important. How much fun you can have during your journey. It's important to get it done」（終着点は重要じゃない。旅の途中でどれだけ楽しいことをやり遂げているかが大事なんだ」という言葉を遺している **（表1-3）**。

　人生の旅路は、人それぞれ違う。そこから見える景色も、みな違う。事実を謙虚に受け止め、当り前のことに実直に取り組み、継続して実行し、

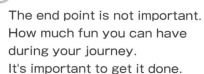

The end point is not important.
How much fun you can have
during your journey.
It's important to get it done.

（人生の）終着点は重要じゃない。
（人生の）旅の途中でどれだけ
楽しいことをやり遂げているかが、
大事なんだ。

表1-3　Steve Jobsの言葉

夢や目標に向かって生きていく中で、周りの人たちと日々それぞれに楽しく過ごしてもらいたい。取り立てて偉業を為すことを自分に求める必要はない。ささやかな夢や目標でも良い。小さな積み重ねで日常を大事にしていけば、個々人に相応しい人生が待っている。それが、個々のAmazing Journey（素晴らしい旅）になっていく。

　結果がすべてだと言われることの多い社会であるが、決して平坦でないプロセスを他者とともに楽しもうとする姿勢こそが素晴らしい人生を与えてくれるのである。筆者は、そう信じてやまない。

2. 人生をデザイン・マネジメントして、キャリアを築く

不確実な時代に主体性や創造性を育むために…

　新型コロナウイルス感染症が拡大し、将来の見通しを立てづらい、昨今のような不確実な時代においては、個々人のみならず、社会全体の先行きも危ぶまれる状況である。そのようなときこそ、自らを開拓し、主体性や

創造性を育むことが何よりも必要となる。

　その方法論として、「ライフデザイン」「ライフマネジメント」「ライフ/キャリア」などの用語が注目を浴びている。大学生向けのカリキュラムだけでなく、ビジネスや一般社会の中においても定着しつつある。

　しかし、その使われ方は、個人や組織の主観が大いに影響し、その定義も不明確である。あえて、これらの用語を整理するならば、「ライフ」は狭義で「日常」であり、広義では「人生」と解釈されるが、本書では「人生」と捉えておこう。その上で、「人が生きること」をどのように捉えるかを考えてみると、まず人生を「デザイン（計画・構想）」し、それを「マネジメント（実行・遂行・管理）」することにより、「キャリア（実績・職歴・経験）」が築かれる、という概念整理ができるのではないだろうか。

　すなわち、人生（働くこと）を計画的にデザインし、マネジメントしていく実行力がより良いキャリアを築く、という考え方が、先ほどの用語の根幹には存在している（**表1-4**）。

　これらの用語は、分野や領域によって若干、意味や解釈が異なる。しかし共通の認識としては、「風潮に流され、その日が楽しければそれで良く、そして人生なんとかなる、では心もとない。もう少し、自らの人生を計画的に考えて、実行してみてはどうだろうか」ということにある。

人生（ライフ）を
計画的にデザインし、
マネジメントしていく実行力が、
より良いキャリアを築くことになる

（杉浦）

表1-4　ライフ・デザイン・マネジメント・キャリアそれぞれの関係性

憧れや願望を持ち、それに向かって進み、チャレンジし続ける

　とは言え、人生のことを四六時中考え続けていては、毎日が楽しくない。すべての思考や行動がmustになってしまうと、自分が進みたい方向やあるべき理想像に固執してしまうことがある。すると、突然舞い込んできた偶然のチャンスや出会いをみすみす見逃してしまうかもしれない。また、変化の激しい昨今においては、遠い将来のキャリアをデザインしたところで、2、3年後には常識が覆り、まったく意味をなさなくなる可能性さえある。

　人生とは、「こうなりたい、こうしてみたい」といった憧れや願望を持ち、それに向かって進み、チャレンジし続けることだ。夢や目標は大まかに決めておけば良い。「予定は未定」くらいの余裕があったほうが、物事を大局的に見られるだろう。人生をデザインし、マネジメントする際、近視眼的になってしまうことは避けるべきだ。

　長い人生には、その流れを変える、もしくは流れが変わる大きな転機（出来事や年齢の一区切りなど）となる節目が必ず来る。その節目ごとにスタートを繰り返せば良い。そう、「リ・スタート」すれば良いのである。キャリアは、後から自ずとついてくるものだ。

「キャリアドリフト」という考え方

　人生のキャリアというのは、個人が意図してデザイン・マネジメントするだけではない。人生を歩んでいると、素敵な偶然に出くわしたり、予想外のものを発見したりすることがある。そのようなときに備え、「ドリフト（drift、漂流、流される）」を含めたキャリアをデザイン・マネジメントする余裕のある感覚を持っておくと良い。

　「ドリフト概念」とは、自身に起こることに対して柔軟に対応することである。これからの日常生活の中においては、「これが自分の将来にどうつながるか？」「自分の人生に何の役に立つのか？」と思える出来事や出会いをたくさん経験する。そんなときに「これも運命！」「やってみるか！」などと捉えられれば、思いがけない幸運に巡り合うこともある。

「キャリアドリフト」という考え方においては、人生の節目（年齢、成功・失敗、喜怒哀楽など）で立ち止まって、キャリアについて考えるだけでなく、普段からあえて「遊び」をつくり、周りの環境に委ねてみることも重要視されている。キャリアをデザインやマネジメントする中でドリフトすることを心に留めておく余裕も持っておきたい。

人生をデザイン・マネジメントして、豊かなキャリアを築いていくためには結局のところ、自主性・創造性をもって、物事に貪欲に取り組み、成功や失敗を重ねていく中で、成長・進化を遂げていくしかない。学びが一生続けば、人生は確実にキャリア・アップしていくはずである。

3. 「学問を学ぶ」とは?

受け身の勉強は大学生には必要ない

大学では、高校までとは異なり、自分で受ける講義を選択し、時間割を決められる。自分独自の授業計画によって、学生生活を充実させよう。

自分が大学で何を学ぶかといった自覚も持たず、ただ単に授業に真面目に出席し、黙々と勉強すれば良い、というスタイルは、改めなければならない。高校まで通用していた「真面目（授業に全出席し、レポートを提出し、試験も受けた）にやっていれば、何とかなる」という考えは通用しない。しかしながら昨今、与えられた課題を訳もわからず、黙々とこなすだけの受け身の大学生が少なくないのが現実だ。

そのような学生が熱心に励みがちなのが、語学をはじめとした資格の勉強である。大学生が熱心に励み、資格を取得することの大切さは、否定しない。しかし、資格取得のためだけの勉強は、あまりに単純すぎる。それは、試験で合格点を取れるような勉強をすれば済むからだ。出題範囲の勉強をするという方法は、高校までの受験勉強と大差ない。すなわち、資格取得試験は、蓄積された知識の程度と問題に対する解法のテクニックの優劣を測っているにすぎない。本来は、その試験に合格してからが大学での

本格的な「学び」のスタートになるはずである。しかし、多くの学生が資格合格に固執し、それによって燃え尽きてしまい、肝心の学問の追究に気持ちが向かない、という状況は大いに問題である。

　資格試験は、大学から与えられた、あるいは自らに課した試練と位置づけ、成功体験が得られる機会と捉えれば良いだろう。資格の取得という成功体験は、間違いなく自信につながる。もちろん、資格取得にチャレンジする以上は是非、成し遂げてもらいたい。しかし、それ以上に大切なのは、その上で本当の勉強（学び）に立ち向かっていく、という姿勢である。

大学での学びは、自分を成長・進化させる 緒（いとぐち）

　大学に入学したら、高校までに身につけた基礎知識を土台にして、ようやく自分で社会を見る、自分で物事を考える、という勉強をはじめられるようになる。

　その後に社会に出て、長い人生を歩む中で、自分の頭で物事を考え、実践していく状況に直面したとき、この時期の学びの経験が役に立つ。そして、それを繰り返すことによって、自分が成長・進化し、豊かな人生が広がってゆくのである。すなわち大学は、多くの人にとって、生涯において最後の教育による学びの場なのである。その学びを是非とも大切にしてもらいたい。

　いわば大学は、「学問（研究）」を通し、自らによって成長・進化するところである。大学で学ぶことは、世の中にある多くの価値観の中から、自身が「何のために生きるか？」「これからどのように生きるか？」という問いへの答えを見つけるプロセスである。大学においては、自分ならではの唯一無二の生き方をどれだけ身につけることができるかが、肝要である。その際、一方向だけからの見方や考え方に縛られない学び方を工夫してもらいたい。そして、自分の意見を持ちつつ、他者に賛同し、あるいは反論してもらいたい。決して、易きに流れる大学生活だけは送らないでほしい。

　大学では、自分を取り巻くさまざまな環境から的確に情報（知識）を得た上で、それについての自らの考え（気づき・学び）を実践・活用できる

よう、周りに働きかける（貢献する）能力を養うことが求められる。

　そして、将来においては、取り巻く環境や社会に対し、自らの方法（戦略・戦術）で、どのように関わり、何を実現していくのかが課題となってくる。とくに不確実で不安定な時代にある昨今には、自らをup to dateしていくことがこれまで以上に求められる。年齢を重ねても、人生では自分を成長・進化させるための学びは、続く。大学で学ぶという経験は、その緒（いとぐち）なのである（**図1-1**）。

4. 正解のない問いへの挑戦

「学習」と「学修」

　高校までの教育の目的は、進学や就職にあたって、あるいは社会で生きていくために、必要な基本的能力を習得させることにある。

　どの領域においてもしばしば言われるように、基本は教わった（学んだ）ことを繰り返すことによって習得される。言い換えれば、基本は原則、「強いて、勉める（勉強する）」ことによって習得される。勉強は、「強いて、勉める」と書く。したがって、小・中・高校での学びは、人生を歩んでいくために不可欠な知識や技術などを「勉強：学び習う」ことを意味する。すなわち学習は、勉強の意味合いが強く、小・中・高校での「学習」の狙い

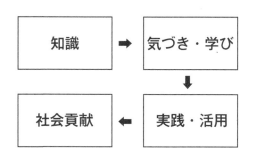

（杉浦）

図1-1　自分を成長・進化させるための学び

は教わるところにある。基本は、教わるしかない。そこに自主性は必ずしも求められない。「教わる」とは、受け身の「学び」とも言える。

　一方、大学で学ぶことは、「学修」と言って良い。そこには、自主性が求められる。つまり、教わるのではなく、自ら「学ぶ」のである。そして、自らに問いを立てていくのである。学問とは、自分の「問題意識（問いを立てる）」に沿って、『真理・真実』を"学"によって『探究』すること」にある。さらに大学は、「学術の中心として、広く知識を授けるとともに、深く専門の学芸を教授研究し、知的、道徳的および応用的能力を発展させる」（文部科学省）ことを目的としている。つまり大学では、専門分野を絞って探求し、そこから学んだ内容を自分のものとして修めていくことが求められる。「修める」とは、「身につける」ことである。

　このように、大学の学び（学修）と高校までの学び（学習）は異なる。さらに決定的に違うのは、高校までの勉強（学習）には正解がある、という点である。一方、大学での勉強（学修・学問）には、正解がない。大学の学びには、カリキュラムで示されているように、基礎から最先端まである。基礎の極に向かえば向かうほど、「勉強」色が強くなり、逆に最先端の極に向かえば向かうほど、「学問」色が強くなる。

「知を愉しむ」ことに興味を持とう!

　高校までは、規定の問題に対する答えが予め用意され、その正解を求められることが圧倒的に多い。その正答率が高ければ高いほど、偏差値は高くなり、「よくできる」と評される。

　しかし大学では、必ずしも一律的な答えは求められない。学問は、何を問いにして、何を根拠にするかによって、問題や課題が違ってくる。したがって、当然のことながら、見方が変わり、考え方が異なってくる。見方や考え方がさまざまあると言っても、やはり基礎の知識は必要不可欠になる。ある事象に対し、自分なりの意見や考えを創り上げていく学問は、あくまでも高校までの勉強が土台になることを忘れてはならない。

　大学に入学したら、高校までに身につけた基礎知識を土台にして、自ら

で「問い」を立て、正解のない学びをすることになる。それが、勉強の最先端にある「学問」である。大学時代に「学問って面白い」と思ってもらえたら、そして「知を愉しむ」ことに興味をもってもらえたら、幸いである。これに目覚めれば、自身がup-to-dateしていくことが実感でき、人生が豊かになっていくだろう。

　「正解のない問い」とは、別の言い方をすれば、「正解が多い」ということになる。さらに言えば、「どのように答えても、間違いではない」のである。しかし、ここで忘れてならないのは、個々人が出した答えが、他人あるいは社会に評価される、という点である。問いが的確で本質を見抜いているか、それに対し、どんな創造性のある結になったのか、が評価の対象になる。

　「正解のない問いに対する挑戦」の意義は、ある問題や事象に自身で課題を見つけて、自分の考えや意見をもって問い続けていくところにある（**図1-2**）。それこそが、自主性を重んじた創造性のある「学び」である。人間は動物と異なり、「創造する自由」を備えている、と言われている。だからこそ、大学時代から創造する「学び」に挑戦してもらいたい、と思う。

これまで……　　　　　これから……
正解の**ある**問い　→　正解の**ない**問い

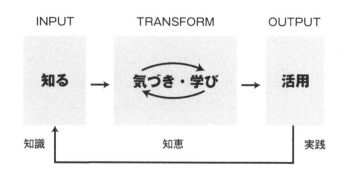

INPUT　　　TRANSFORM　　　OUTPUT

知る　→　気づき・学び　→　活用

知識　　　　　　知恵　　　　　実践

（杉浦）

図1-2　CREATING ACTION：正解のない問いに挑む

5. よく学び、よく遊ぶ

「オン」（学問を修める）と「オフ」（余暇を楽しむ・遊ぶ）」を区別する

　当然のことではあるが、学生にとっては、「学び」が最優先である。そして「遊び」は、学問による「学び」あってこその「プレー＝遊び・楽しみ」であることを忘れてはならない。

　「よく学び、よく遊べ」はもともと、アメリカの諺らしい。"Work while you work, play while you play" の翻訳であるとされる。意訳すると、「働いているときはよく働く、遊んでいるときは楽しく遊ぶ」（**表1-5**）となる。要するに、メリハリをつける、ということである。常に全力を求めるわが国の文化と比較すると、アメリカらしい諺と言えるかもしれない。

　学問による「学ぶ」時間が多いことは、未来の人生にポジティブな影響を及ぼすことになる。とは言え、「学ぶ」だけでは、人生はつまらない。何事もバランスが肝心である。たまにはオフの時間をつくって、「遊び」にも没頭してみよう。「学問」ばかりでは、思考にも限界を来たすし、創造性も育たない。

　人生における余暇活動とも言える「遊び」は、人が生きていく上で重要な役割を果たす。正解のない問いは、日常の生活の中にこそ散見され、見い出しやすい。生活の中で意見や考えを求められるとき、どのように判断

"Work while you work,
play while you play."

（働いているときはよく働く、
　遊んでいるときは楽しく遊ぶ）

表1-5　「よく学び、よく遊べ」

し、どのような答えを出していくか。それに正解はない。最も的確な答えを導けば良いのである。人生では節目で、個々人の「最適解」を見出し、積み重ねていくことが重要になる。

　学生生活では、「オン（＝学問を修める）とオフ（＝余暇を楽しむ・遊ぶ）」をはっきりと区別することが大切だ。始終、学問ばかりに没頭したり、あるいは逆にダラダラと過ごしたりしていては、オンとオフの区別があいまいとなり、メリハリもなくなる。

　しかし、メリハリがあれば、生産性・効率が良くなり、時間も有効に使えるようになる。その結果、余裕が生まれ、心も体も健康になれる。そして、充実感・充足感に満たされ、豊かに過ごすことができるようになるはずである。

学問と遊びによる「学び・気づき」が人間力を形成する

　ライフイベント、趣味、好きなこと、習い事、スポーツなどの余暇活動（≒遊び）は、実は多くの「学び・気づき」をわれわれに与えてくれる。学生生活では、「学問」による知識の修得と「余暇活動」による経験の獲得の掛け算が重要となる。この知識と経験の掛け算こそが、その後の人生を豊かに築くことにつながっていく。「遊ぶ」のは、決してリフレッシュのためだけではないのだ。「遊び」は、自分の可能性を広げるための活動と心得れば良い。その意味で、「よく学び、よく遊べ」は、人生の理想的な状態を示している諺と言える。

　学問による「学び・気づき」は、間違いなく人生を豊かにしてくれる。遊びによる「学び・気づき」は、人生をより豊かに、そして楽しくもしてくれる。

　したがって大学生活では、学問による「学び・気づき」と遊びによる「学び・気づき」によって、人間力の形成を図っていきたい。「よく学び、よく遊ぶ」人は、魅力的である。

6. 学生生活とは?

モラトリアムをどのように人生に活かすか?

　「モラトリアム : moratorium」という言葉がある。意味は、「支払猶予」「猶予期間」であり、支払いや法の執行などに設けられる猶予期間を指す。モラトリアムは、さまざまに定義されているが、学生が社会に出て一人前の人間になることを猶予されている状態を指すことも多い。「大人になるための準備期間」「社会的にも認められた猶予期間」という解釈であり、「大人として社会に出るために、自己を確立し、社会的な役割を見つめ直すための期間」と位置づけられている。

　しかしそれは、「遊べる」「何となく過ごしていれば良い」という意味ではない。「時間を自分でマネジメントできるので、この間にさまざまなことを経験し、多くの気づき・学びを得て、多くのことを身につけておいたほうが良い」と解釈すべきである。それらの経験が、社会人になってから、あるいは長い人生に活かされるに違いない。

　いわば「社会に出て働く前の準備期間」である学生時代は、自分の好きなように考え、過ごすことができる貴重な時間である。そんな贅沢な期間だからこそ、「よく学び、よく遊ぶ」を心掛けたい。

　当然のことではあるが、学生にとっては、「学び」が最優先である。「遊び」とは、「学び」あってこその「プレー＝遊び・楽しみ」であることを忘れてはならない。

「よく学び、よく遊び」を実践しよう!

　学生生活は、多くの人にとって、建設的な人生を歩んでいくために必要な時間と言えよう。この時期は、自己を確立していくために、試行錯誤を重ね、自身が納得できる人生を明らかにしていくチャンスである。すなわち学生時代は、自分の価値観やアイデンティティを確立するための大事な時期となる。学問への探究や他者との関わりによって得られる「学び・気

づき」は、自己を確立していくための重要な手がかりとなるものである。

　では、大学時代に何をすれば良いか。その問いに対する正解はない。とは言え、学びも遊びも、「中途半端」にしてはならない。そして、どちらかに偏るべきでもない。「学ぶだけで遊ばない」「遊ぶだけで学ばない」では駄目である。心身のバランスを整え、「よく学び、よく遊び」を実践してもらいたい。

　それによって良い結果が得られることに越したことはないが、結果だけを求めるべきでもない。学生時代には、まず行動を起こすことが肝心である。学生時代は、人から与えられるのではなく、自らが獲得し（動き）、将来への道筋をつけていくことにエネルギーを注ぎたい。与えられるだけの大人（社会人）は、決して魅力的な人物にはなれない。

成功も失敗もあっても良いのが学生生活

　住職だった清沢哲夫氏の著書『無常断章』に次のような「道」という詩が掲載されている（**表1-6**）。

　　此の道を行けば　どうなるのかと　危ぶむなかれ
　　危ぶめば　道はなし
　　ふみ出せば　その一足が　道となる　その一足が　道である
　　わからなくても　歩いて行け　行けば　わかるよ

この詩を聞いたことがあるという人は、少なくないだろう。これは、プロレスラーであった故アントニオ猪木・元参議院議員が引退式で詠んだ詩でもある。

　人生（学生生活）は、悩み、迷う困難の連続である。自分の選択が正しかったのか、自分の行動が良かったのか、成功だったのか、失敗だったのか、それは行動してみないとわからない。後から振り返ってはじめて、あの時の自分の選択や行動が正しかったのか、間違っていたのがわかる。

　誰だって、失敗したくないし、間違えたくもない。しかしながら、一歩を踏み出さなければ、何も起こらない。だからこそ、現在を受け入れ、これからを生きていこうという願いが、この詩には込められているのではな

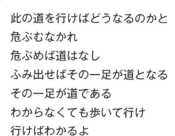

此の道を行けばどうなるのかと
危ぶむなかれ
危ぶめば道はなし
ふみ出せばその一足が道となる
その一足が道である
わからなくても歩いて行け
行けばわかるよ

(『無常断章』清沢哲夫)

表1-6　詩「道」

いだろうか。

　そのためには、学生時代から時間（現在・未来）をマネジメントし、人生を考えてさまざまなことに挑んでもらいたい。成功も失敗もあっても良いのが学生生活である。失敗を恐れてはいけない。

コラム1

レポート・論文への向き合い方

大学生になぜ、レポート・論文が課せられるのか?

　大学では、高校までと違い、「先生に教わる」から、「自ら積極的に学ぶ」ことを求められる。つまり大学生になると、「強いられた学び」から「主体的な学び」へと変わっていかなくてはならないのだ。

　「強いられた学び」とはすなわち「勉強」であり、一方、「主体的な学び」とは自らが問いを立て、それを学び修める「学問」となる。

　大学は、高度職業人養成の側面を持つ機関である。したがって、極めて高い知識と技能を持った社会人を育てる役割が大学にはあり、本質的には研究者養成の機関と言って良い。しかし実際には、多くの大学生は研究機関には就職せず、企業で社会に貢献する会社員として働くことになる。いずれにせよ、大人（社会人）になれば、それぞれの職場等で論理的な思考によって物事を解決していく人材となることが望まれる。そして、大切な基本姿勢として必要なことは、「問題の本質が何か?」を明らかにし、課題に対して「自ら考える」、そして「解決していく」こととなる。

　大学生時代にレポートや論文を書くことは、社会に出て求められる姿勢（論理的な思考）を予め訓練する機会になる。いわば、レポートや論文の執筆の目的は、大学卒業後に社会人として当然持っておくべきスキルの獲得にあるのだ。

新たな知識のインプットによる想いや考えのアウトプット

　自身の想いや考えを実際に文字にしてみることは、意外なほどむずかしい作業である。文字にできないということは、自分の想いや考えがまとまっていないことを意味する。しかし、レポートや論文に真剣に向き合い、それが完遂できると、想いや考えが深まり、自分自身を俯瞰できるようになり、さらにこれから取り組むべき課題も明確になる。また、精緻に文字にしてみなければ、想いや思考は具体化されず、説得力あるものにはならない、という理由も現実問題としてあるのかもしれない。

　いずれにせよ、レポートや論文の作成は、これまでの気づきや学びを整理することになるのだ。そしてそれは、これまでの振り返りにつながる。執筆は、新たな知識のインプットによって積み上げられた想いや考えをアウトプットする

ことを意味する。気づきや学びをアウトプットすることは、自分自身を高めていくことにつながるので、その点からも執筆は重要な機会となる。

　大学では、人から教わらなくても、自力で物事（課題）を解決することが求められる。しかし、何の手がかりもなく、何のルールも知らずに解決することには限界がある。しっかりとレポートや論文と向き合ってみよう。自分の発見を読み手にわかりやすく、体系的かつ正確に伝えていくことは、自身を高めることにもなり、人生を歩いていくためのヒントを得ることにもつながるはずだ。

常識として理解しておきたい論文の「構成」

　大学の講義では、毎週あるいは学期末にさも当たり前のようにレポートを書くよう指示される。そして、4年生になると、卒業論文が課せられる。新入生にとって、レポートや論文と聞いたときのイメージは、小論文になるかもしれない。しかし、大学におけるレポート・論文の場合、小論文のイメージで作業を進めることは避けるべきある。

　小論文は、序論・本論・結論の3部構成が基本となる。序論では、まず設問に対して自分なりのテーマを設定する。続く本論では、自身の意見の裏づけとなる理由・根拠を記述し、そして結論では、課題（設問）に対する全体を締めくくる自分の想いや考えを明らかにする。つまり、小論文の執筆のカギは、文章表現力と論理構成力にある。簡単に言えば、文章として、整っていれば良いのである。高度なことが求められているわけでない。

　一方、論文とは何か。小論文とは、どこが違うのか。それは、書き手自身が考えたオリジナリティ（独創性）が求められる点にある。さらに論文では、問いを自ら立て、学術的に価値のある発見を論理的な思考によって、読み手を説得することが求められる。したがって、読み手に優しい「Reader-friendly」を心掛けることが欠かせない。また、わかりやすい表現のみならず、フォーマットにしたがった定型の書き方も求められることになる。

　論文を執筆するときには、小論文で習った序論・本論・結論という組み立てをベースに、さらに緻密な構成とすることが必要となる。自然科学系の論文では、「Introduction（背景・先行研究の提示・目的）」「Material/Method（方法）」「Result（結果）」「Discussion（考察・討論）」「Conclusion（結論）」の5部構成が推奨されている。IntroductionとMaterial and Methodは小論文の序論に、ResultとDiscussionは本論に、Conclusionは結論にそれぞれ相当している。

Introductionでは、本題に対する背景を紹介し、それに関する先行研究を見直し、本研究で何を明らかにしようとしているのか（問い）、を提示する。また、Material and Methodでは、問いを明らかにするための研究（分析）方法の概要を示す。そしてResultでは、その分析結果を示し、Discussionでは、なぜその結果になったのかを討論するのである。最後にConclusionでは、本研究の問いに対する解答を簡潔に述べる（**図参照**）。

　一方、レポートの「構成」は、基本的に論文と共通している。レポートは、論文の縮尺版と考えれば良い。レポートでは、問いが予め用意されており、それに対する解答を書くのである。したがってレポートは、論文に必要な5部構成によって書かなくても構わない。重要なのは、用意された課題を通じて、何を解答として求められているのか、を理解することである。すなわち、本質を見極める力が求められる。いずれにせよ、論文に必要な5部を取捨選択して書くのがレポートである、と心掛ければ良い。

　大学でのレポート・論文の執筆は、「主体的に考えること」が出発点にある。その出発点は、「なぜ？」からはじまる。疑問を疑問として終わらせることなく、自分なりの探究心を持ってレポート・論文に取り組んでもらいたい。そうすれば、きっと自身を成長・進化させるきっかけになるはずだ。真剣にレポート・論文の作成に向き合えば、「大変だった」よりも「ためになった」という達成感が得られ、良い経験になってくれるに違いない。

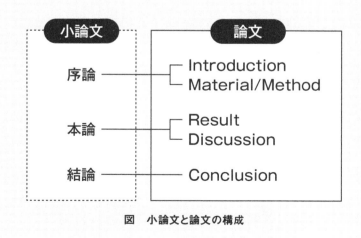

図　小論文と論文の構成

第2章

人生を豊かにする

1. 自己実現とは?

ありのままで自分らしく生きる

　自己実現は、心理学領域における専門用語の一つである。多くの研究者がそれぞれの説にもとづいて、自己実現を解釈している。

　自己実現の理論を提唱した心理学者のアブラハム・マズローによれば、人間の欲求は、生理的、安全、社会的、承認、自己実現の5つの階層から成り立つという**（図2-1）**。そして、下位にある4つの欲求が満たされることにより、自己実現をしたいという欲求が生まれると指摘する。マズローの定義では、自己実現は「偽りのない自分の姿で好きなことをして、それが社会貢献につながる状態」となる。自己実現は最終的な欲求であることから、自己実現の達成は、人生の幸福を意味する。

（マズロー，1954年より作図）

図2-1　5つの欲求モデル

前章で指摘した、大人になるまでは「人として生まれる」「人として生きる」、そして大人になって社会に出たら「人を生かす」「人を生む」という、人の一生のプロセスと一致する。

　学生生活ではまだ、「社会のためになる」などと肩肘張らず、ありのままで自分らしく過ごしていくことを目指したい。他人と比較しなくて良い。主語は「自分」で良い。夢が叶わなくても、自己実現はできる。人生は、自己実現を目指していけば、楽しく、豊かになる。物事を成し遂げることができなくても、やり遂げることができれば良い。つまり、自分らしさを実現できれば、人は心が満たされる。まずは、「自分らしく生きることはどういうことか？」を問うて、最適解を見つけたい。そして長い時間をかけて、人のために、あるいは社会のために生きる、という自己実現ができるようになっていけば良いのである。

人との勝ち負けを気にせず、自分との勝ち負けにこだわる

　人生においては、人と競争することを常に強いられる。それはそれで、社会で生きていくためにはやむを得ないことでもある。

　しかし、人との勝ち負けを気にするより、自分との勝ち負けにこだわるようになりたい。人生は、決して平坦ではない。山あり谷ありである。楽しいこともあれば、苦しいこともある。苦しいことを乗り越えてこそ、楽しさも膨らむ。苦しさや楽しさに対して、自分らしく接していくことは、自己を実現することにつながる。自分自身に向き合い、対話をして、正解のない答え（最適解）を出すことを心掛けたい。

　人生を歩むということは、夢を持って、それに向かうとき、自分らしさを認識（理解）して日々、成長・進化をするために、他者との関わり（共生・協働）をもって、自らの心身をup to date（熟達）させていくことなのかもしれない。いついかなるときにも心に留めておきたいことは、ありのままの自分の実際を表現することである。すなわち、現時点でのありのままの自分を受け入れて、日々を過ごしていくことである。そして、他者との共生・協働によって、自身を成長・進化させていく。その繰り返しが

個々人の人生になる。

　学生生活においては、自分らしい目標や夢を掲げて、それに向かってやり遂げる・成し遂げていくことが自己実現になる。実現の過程での挑戦から得られる成長・進化が大切である。これを心に刻み、結果にあまり執着することなく、日常の冒険を楽しみたい。

2. 夢とは何か？

目標の積み重ねによって長い時間をかけて生まれるもの

　人生における夢とは、生きていく中で長い歳月をかけて実現・達成させたいこと、あるいは現実から離れた空想や考えと言えるだろう。

　このように、夢という言葉のニュアンスには、ポジティブ、ネガティブの両面がある。

　ポジティブな夢の解釈は、実現できるかどうかはわからないが、できる可能性がある、ということになる。これに対して、ネガティブな夢の解釈は、実現できる可能性がおよそ、あるいは限りなくゼロに近い、あるいはゼロである、ということになる。「夢は叶うから夢」と言う人がいる。一方で、「夢は叶わないから夢」と言う人もいる。学生時代においては、夢に対してどのような向き合い方をしていくことが望ましいのだろうか。

　ポジティブな夢とは、目標の積み重ねによって長い時間をかけて生まれるものである。今の自分にできることを一つずつコツコツと積み上げ、一歩一歩前に進んでいく。そうすることで、自ずと人は成長・進化していく。

　「夢は、近づくと目標に変わる」と言われる。そして、その目標が達成されると「It's a dream come true（夢が叶った）」となる。日常に目標や夢があると毎日がワクワク、ドキドキする。人生は冒険になり、キラキラと輝いた旅になる。日々、好きなことに夢中になっていたら「〇〇の領域に挑んでみたくなった」となり、いつのまにか「〇〇への挑戦が夢になっていった」となり、気づいたら「そこには夢中になれる日常（人生）があっ

た」となる。

夢は、自身を知り、自分らしく生きるための 緒（いとぐち）

「夢中」とは文字通り、「夢の途中」と書く。夢中が一番楽しい。人生が楽しくなる。夢があって過ごした時間があるから、楽しい。「楽」と「楽しい」は、違う。こうなりたいと想う夢を持ち、それに向かって努力し、さまざまな困難を解決していく過程は、「楽しい」と感じられるものだ。

ただし、必ずしも夢を叶えることを人生における最大の目標とすることはない。夢がある日常やその過程を楽しむべきだ。楽しむことに意義を見い出せれば、人生は豊かになる。叶えたい夢に挑戦するから、使命感が生まれ、人生に意義が芽生えていくことになる。

学生生活の時期だけでなく、その後の人生の時間のすべてにおいて夢がなければ、自身の存在意義を失いかねない。とは言え、叶えたい夢の規模は、みな違って良い。ささやかな夢でも構わない。自分が情熱を傾け、夢中になれることなら何でも良い。夢を持つことは、自身を知り（自己理解）、自分らしく生きる（自己実現）ための緒（いとぐち）となる **（図2-2）**。

夢へと向かうプロセスは、人が生きていくために必要な成長・進化の手助けをしてくれる大切な過程だ。繰り返すが、必ずしも成し遂げる必要はない。それ以上に、やり遂げることが最も尊いということの価値を知ってほしい。挑戦する行為は、たとえ今は上手くいかなくとも、次につながる。

（杉浦）

図2-2　夢は自己理解と自己実現の 緒（いとぐち）

夢に挑戦し続けることは、自身が熟練・向上していくこと（自己マスタリー）につながっていくのである。

　そして大切なことは、夢は人との関わりなくしては成就しないということである。人は助けられること（共生・協働）で、自身の持っている能力を最大限に発揮できるようになる。また、助け、助けられる人とのつながりには、豊かに生きるためのヒントが多く存在する。

　しかし一方で、夢をもって生きているが故に、挫折や葛藤などを味わうことはある。そして、夢を叶えようとするばかりに自己欺瞞に陥り、悲劇が生じることもある。夢が自分を苦しめるようになっては、本末転倒である。夢は叶えられたら幸運と思えるぐらいで丁度良い。

　夢は、憧れからはじまることも多い。夢を叶えようとするときのキラキラを失わず、途中でギラギラになり過ぎないようにしたい。人生が楽しい、豊かと思えるような夢が理想だ。しかし、夢を夢で終わらせたくない、という思いも欠かせない。やはり、人生にはワクワクできる夢を持つことが必要だ。

3. 自己理解とは?

新しい発見・気づきを生み出し、自覚できていなかった自分の可能性を引き出す

　自己理解とは、文字通り、自分（姿勢・態度・発言・行動など）を理解することである。わかりやすく言えば、「ありのままの自分を包括的あるいは多角的に知ること・把握すること」となるだろう。人はそれぞれ、有する強みや弱み（長所と短所）、知識や実行する能力、経験、興味・関心、価値観などが多様で、その特徴が異なる。自己理解というイメージは、あらゆる側面から見た、一人ひとり多様な自身の特徴を（自己）紹介し、自分らしさを認識することなのかもしれない。

　学校教育の最後の場であり、社会人へのアプローチの場となる大学生時代は、自己理解にトライするには、この上ないタイミング（節目）となる。

いわば、自分らしさを見つめ直す良い契機である。人は、人生の過程で起こるさまざまな事象に対する経験とそれに伴う興味・関心から、独自の価値観が生まれ、それぞれの性格や特徴が形成されていく。そして、それらを礎として、独自の強みや弱み（長所と短所）をもって、さまざまな思考・実行が重ねられていくのである。

　この根底にあるのが、「自分」である。すなわち、自己への理解を深めていくことは、新しい発見・気づきを生み出し、見えていなかった自分の可能性を引き出すことでもあるのだ。

人生における「戦略」と「戦術」

　そんな人生のあり様は、スポーツで繰り広げられるシーンになぞらえることが多い。競技スポーツの中で展開されるプレーの数々は、筋書きのないドラマそのものであり、結果に至るまでの想いや決断、勇気、指導、育成の過程は、実に多くの側面を持っている。それらは、まさに人生のそのものに相通じる。

　そのスポーツでよく用いられている用語に、「戦略」と「戦術」がある。またこの2つの用語は、ビジネスシーンにもしばしば登場する。

　「戦略」とは、戦うための略である。略とは、作戦・プラン（構想）を意味する。戦略では、目的を達成するためのより良い構想を持ち合わせることが求められる。これに対して、「戦術」は、戦うための術である。術とは、手段・わざのことである。手段やわざの修得には、自身の強みを活かすだけでなく、弱みも活かすことができるようにする。すなわち、「戦術」では弱みを「最小の強み」と捉えて、活用するのである **（図2-3）**。

　人生における「戦略」は、長期的な夢・目標（ビジョン）のための思いや考えを巡らす能力（思考能力）と解釈して良い。また「戦術」は、自分らしさを表現するための確実で有効な能力（作業能力）を意味するといって良い。修得したその能力（作業能力）は、社会で生きていくための礎となっていく。そして人生では、自分の「戦略・戦術」を十分に活かして、多くのことを経験していくことが何より大切である。もちろん、そのプロセ

図2-3　戦略と戦術

スには、成功もあれば、失敗もある。

どのようなときにも自分らしさを忘れてはならない

　そのようなプロセスを繰り返していると、自ずと夢中になれることが見つかる。夢中になれることを見つけたら、自分らしさを十分に活かし、楽しみながら、それを追求し続ければ良い。「夢中になれること」は、多くの場合、「好きなこと」に関連している。「好きこそ、物の上手なれ」という諺がある。誰でも好きでやっていることは、夢中になれるし、工夫するので上達もする。上達には長い時間を要するものだが、好きなことだから長い時間を費やしても、苦にならない。人生は、長い。一瞬に一喜一憂するのではなく、日常を大事にしながら、長い目で評価しよう。

　さらに、また夢中になると、こだわりが出てくる。こだわると、さらに好きになる。さらに好きになって、さらに夢中になる。すると、自ずと「戦術」が獲得され、それを活かすための「戦略」も練られるようになる。すると、人生がもっと楽しくなる。長い人生をそんな好循環を繰り返す中で、有意義に過ごしたいものである。

　人は、獲得した術を使い（作業能力）、策を講じる（思考能力）ことで、より良い現実（結果）を目指しながら行動（実行能力）していく存在である。そして、その実行された結果が、良くも悪くも、人や社会から評価さ

れていくのである。

　図らずとも、それが社会で生きていくということである。

　その中で大事なのは、ありのままの自分を包括的あるいは多角的に知り、把握しながら、どのようなときにも自分らしさ（≒自己理解）を忘れてはならない、ということである。

4. 自己マスタリーとは?

創造した未来を生み出すため、自身の能力と意識を絶えず伸ばし続ける

　自己理解を深めていくと、おのずと「自己マスタリー」につながっていく。自己マスタリーを実現していないと、人間としての成長や進化は望めない。

　「自己マスタリー」とは、単なる技術や能力が熟練することではない。個々が自己の現在と将来の像の差を把握し、自身をより深く認識（理解）しようとして、積極的に学ぶようになる過程のことである。「マスタリー」は、英語で「熟達」を意味する。したがって、自己マスタリーは、自己熟達であり、自己の革新（イノベーション）とも言える。

　自己マスタリーのターゲットは、あくまでも自己である。成長・進化すべきは、自分である。常に修練し、高みに臨む姿勢、絶え間のない向上心

(杉浦)

図2-4　自己マスタリー：自己の革新（イノベーション）

などが、自己マスタリーである。「今の未熟な自分」と「未来の熟成した自分」との違いを認識し、それを埋めるべく、物事に熟練しようとし、上達し続ける**（図2-4）**。人生において、常に自己をup to dateさせ、これを繰り返すことが、自身を成長・進化させることになる。

自分を理解し、マスタリーしていくことは、誰にでもできる

人生は長いから、その間に時代も変わり、環境も変わり得る。自ら変化できない現状維持では、いずれ衰退を招くことになる。したがって、人も変化していかなければならない。

ただし、フルモデルチェンジは避けたほうが良い。フルモデルチェンジすると、自分らしい生き方を失いかねないからである。繰り返すが、自分らしい生き方が一番良い。人生が楽しくなるし、豊かになる。長い人生の中で自分らしく生きるためには、そんな自己への理解とマスタリーを繰り返すことが不可欠なのである。

長い人生では、自分らしさを失わずに自己マスタリーを繰り返し、自身を改変していくことが必要である。しかし、「何でも変えれば良くなる」ということではない。随筆『徒然草』の中で吉田兼好は、「改めて益なき事は、改めぬをよしとするなり」と書き残している。「改めてもそれほど利益がないのだったら、変えないほうが良い」といった意味である**（表2-1）**。この

「改めて益なき事は、
　改めぬをよしとするなり」

（『徒然草』吉田兼好）

表2-1　吉田兼好の言葉

言葉は逆説的に、良くするためには「どの一点を変えればいいのか?」を問うており、むしろ突き詰めていくことの大切さを示唆している。

　自己マスタリーでは、「未来の成熟した自分」を目指すために、現有の能力を上手に組み替えていく、というアレンジの発想が必要になる。アレンジは、自分らしさを変えずに行うほうが良い。自己を効果的にマスタリーすることは、どのようなアレンジを試みるかを考えるプロセスと言い換えられるだろう。

　日常の中で、「改めて益なき事は、改めぬをよしとするなり」を意識し、習慣化してみよう。すると、「ここは変えなくて良い」、逆に「変えるならここだ」というポイントが見えてくるだろう。具体的に、ささやかでも一点を変える（マイナーチェンジ）だけで、人は成長・進化できる可能性が生まれる。偉業を成し遂げることは、誰にでもできることではないかもしれない。しかし、自分を理解し、マスタリーしていくことは、誰にでもできる。

　自己マスタリーは、自分が見たことのない新しい景色への挑戦である。そこに辿り着いたときに味わうことのできる喜び、達成感、安堵感は、どれほど素晴らしいか。新たな景色を目指す向上心は、必ずや人生を豊かにしてくれるだろう。

5. 共生・協働とは?

共生・協働は、自分のみならず、他者をも成長・進化させる

　豊かな人生を送るためには、「共生・協働」の心構えが欠かせない。
　共生とは、考えや想いが異なる人（他者）とともに生きていくことである。また協働とは、考えや想いが異なったとしても、対等の立場で協力して、ともに活動することである。これらの行為は、自分をより理解し、より熟達することにも寄与する。また、互いに寄り添い助け合うことは、人や社会の可能性を広げていくことにつながる。

共生・協働は、自分のみならず、他者をも成長・進化させる。社会や組織に必要不可欠な人としての営みの基本は、共生・協働することにある。人は支え、支えられることで問題を解決し、最適解を求めていく輩（ともがら）である。

①主観的健康観の獲得

　現代における健康とは、WHOの定義にあるような「身体的、精神的、社会的に完全に良好な状態」という単純かつ客観的な言い回しで表すことがむずかしい。また、有病率や、健診結果等の医学的な指標をはじめとした客観的な指標だけでは、人の健康を把握することもむずかしい。

　一方、「主観的健康観」や「wellness」という概念が存在する。

　「wellness」の定義は、提唱者であるアメリカのハルバート・ダン博士をはじめ、多くの研究者がさまざまな解釈を行っており、必ずしも定まっていないが、ここでは、「毎日をより良く生きるための、生きがいや仲間とのつながりと、健康維持・増進を実現しようとする前向きな生活態度・行動」としておく。

　「健康である」と聞くと、「身体的状況や身体的能力の向上」ばかりに目が向いがちである。しかし、より豊かに生きるためには、「主観的健康観」も不可欠である。つまり、病気でない、日常生活に支障を来さない人だけ

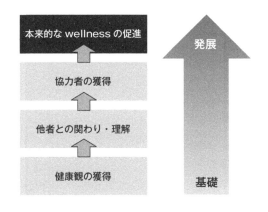

（杉浦）

図2-5　共生・協働のモデル

でなく、病気や障がいを抱えている人も何人も、その人なりの幸せで健康な人生を送れることが重要である。たとえ病気や障がいを抱えていたとしても、生きがいややりがいを持ち、人々や社会と関わりながら、前向きに生きることはできる。病気や障がいは、そのすべてが人生のマイナス要素であるとは言えない。人生を問い直すきっかけにもなる。高齢になれば、複数の病気や障がいを抱えることも増える。そうなれば、ますます主観的健康観の重要性が増すことになる。

　医学的データなどの客観的な指標に偏らない主観的健康観の肝は、人や社会との関係性であり、その維持・改善が重要となる。それに向けて、われわれは日常の中で人々とともに力を合わせ、協力して行動していくことが必要だ。そして、世界の中で高齢化の最先端を走るわが国は、新たな健康観を見い出し、整理・提案し、より豊かに生きるために何が必要なのかを世界に発信していかなければならない。

　また、個人の健康には、病気の治療のみならず、その予防や健康増進に向けた主体的かつ積極的な行動が影響する。その一方で、個人や地域の健康への社会全体としての共生・協働の取り組みによって支えられている側面（健康の社会的決定要因）もある。すなわち、健康づくりは一人では実践できない、と指摘されている通り、周囲の人々の支えや、個人を自然に健康にしてしまう仕掛けを有する社会環境の整備も欠かせないのだ。

　個々の健康をより高めていくためには、個人のみならず、このような社会経済環境の影響の改善を視野に入れ、その強みを活かしながら、知らないうちに健康行動が取れるような社会環境を整えることが、これからは重要なのである。

②自由と他者への理解

　大人になるということは、自由を獲得できることとほぼ同義である。それは、自分の意志で行動することが社会的に許容されるから、である。同時に、他人に迷惑を掛けない行動も要求される。人が社会の中で生活する以上、制約のない自由などない。自由は、社会が認めた規範の上ではじめて実現されるものなのである。

自分の意志で責任をもって、かつ正しいと思った言動であっても、他人に不快な思いをさせたり、迷惑をかけてしまう場合がある。自分の言動は、他人に影響を及ぼし、判断・評価されるのである。われわれは、この評価を無視せずに受け入れて、そしてそれを今後の言動等に反映させていくことが必要となる。それを繰り返すことで、自分を理解し、他者をも理解できるようになる。と同時に、自らをコントロールしながら、時・場所・状況に応じて、どのような言動をとったら良いかを理解できるようにもなる。

　「自由に振る舞っても良いが、他人に迷惑を掛けない言動をとる」ことは、自分一人で獲得することはできない。自分以外に考えの異なる多くの他者が身近にいてこそ、はじめて実現可能となる。社会で大人として生きていくということは、自分と異なる他者とともに生活を営み、同じ目的に向かって協力して行動していくことなのである。

③協力者の存在意義

　協力者とは、力を合わせて物事を進める人を指す。目標や夢を達成していくためには、他者の力を借りて、自身の勇気と決断に自信を持たせ、そして実行することが必要である。協力者なしには、目標や夢は成就しない。むしろ、自分に関わってくれる人がいるからこそ、やり遂げられるし、成し遂げられる、そんな目標や夢を持ちたい。

　人生においては、目標や夢に向かって、苦楽をともにできる協力者をぜひ見つけてもらいたい。一人で目標や夢に挑むより、関わってくれる人がいれば、より充実した濃い時間を過ごすことができるだろう。それによって得られた結果がどうであろうと、納得できるものになる。道半ばとなったとしても、それが人生なのだと思えるはずだ。むしろ、周りのサポートがあったからこそ挑戦できたと思え、その意義を再確認できるようになる。

　そのように思えるのは、協力者との信頼関係があってこそ、である。協力者が同じ目標や夢に向かう「同志」となれば、叶いっこない夢が叶うかもしれない。

　人は、誰しも素晴らしい目標や夢とそれを実現するための力を持っている。とは言え、人が一人でできることには限界がある。また、目標や夢に

向かっている人生であっても楽しいことや嬉しいことばかりではない。困難や葛藤などが伴い、挫けてしまいそうな瞬間も訪れる。事をやり遂げる・成し遂げるには、ともにそして対等に協力してくれる人との出会いが不可欠である（**図2-6**）。

図2-6　ウェルネスを促進し、人生を豊かにするための概念

新型コロナ感染症拡大が教えてくれた
コミュニケーションの大切さ

なぜ、人と直接会って話をしたほうが良いのか?

　2020年にはじまった新型コロナウイルス感染症によって、われわれの生活は一変した。経験したことのない脅威や危機に見舞われ、暮らしや生き方を再考することになったわれわれは、自粛生活の中で、人が生きていく上で人と交わることが避けられないこと、そして、人と直接コミュニケーションをとることが人間としての本能である、ということを痛感させられた。

　その一方で、オンライン環境さえ整っていれば、必要な情報が伝えられ、場所や時間の制約にとらわれずに人と人がつながることが一定程度はできる、ということも実体験した。実際、新型コロナウイルス感染症の拡大によって、それ以前から導入されつつあったオンラインミーティングやテレワークが一気に加速し、普及した。この現象は教育現場においても然りで、教育DX化の推進にも大いに貢献した。

　しかし、教育DX化は、慎重に進めるべきだ。何でもデジタル化すれば良いわけではない。デジタル化したほうが良いケースと、そうでないケースを使い分けるべきである。教育の場において、DX化は補助的手段として位置づけ、上手に付き合うべきである。

　オンラインの普及によって、より短時間に、そして効率良く、必要な情報をやりとりできるようになったにもかかわらず、いくばくかの違和感を持ち続けている人も少なくないだろう。オンラインでは、人と人が接する際のリアリティに欠けると言わざるを得ない。人と接するということは、同時性と空間性が保たれていなければならない。オンラインには、同時性があるが、同じ空間を共有できない、という大きな欠点がある。

　人と接することの本質は、直接会って対話・交流することでお互いを知ることにある。そこからコミュニケーションがはじまり、物事が動いていくのである。当たり前ではあるが、人は、五感を用いて情報を得て、創造性を働かせる中で進化してきた社会的動物である。古来より社会形成は、コミュニケーションの活性にその基盤がある。

　コミュニケーションの第1歩は、話し手が受け手にメッセージ（情報）を伝えようとすることからはじまる。人と人がコミュニケーションを図るとき、受け

手はその情報を言語7％、聴覚38％、視覚55％という割合でキャッチすると考えられている。この事実は、コミュニケーションをより促進しようとするならば、話し手の表情、仕草、目線、声の質といった言語ではない（非言語）情報も得ることができる直接コンタクトのほうが有効だということを教えてくれる。すなわち、言語によるメッセージの伝達だけではその本意を相手に伝えることはむずかしい、ということである。

　コミュニケーションとは、お互いの意思の疎通を図ることであり、話し手のメッセージ内容を受け手が正しく理解してこそ成立するものだ。したがって、コミュニケーションをより促進するためには、やはり直接会って話をすることを推奨したい。

大学は「創造学習の場」である

　人は本来、「人と会うこと」それ自体に楽しさや喜びを感じると言われている。われわれは実際、人とコミュニケーションをとることで、刺激や幸福感を得ている。ところが、人に会わないとこうした刺激や癒しがなくなり、孤独感が募って、精神のバランスも崩しやすくなる。新型コロナウイルス感染症の拡大の末、心の病を発症するケースが増えたのも頷ける。

　コミュニケーションは、多くの人にとって生きていく上で重要な行動の一つと言える。人の体質や性格には差があるので、一概にみなが人に会うことが必要だとまでは言えないが、それでも多くの人にとって、人と直接会うことはそれ自体が楽しさや嬉しさであり、大きな意義があると言って良いだろう。

　したがって、大学生活においては、積極的に友人や教員と直接会って、さまざまな話をしてもらいたい。大学は、創造学習の場である。他者からヒントをもらい、自分の将来に大いに役立ててもらいたい。面倒くさがらず、足を運び、対話を楽しもう。画面上での対話ではなく、五感を十分に働かすことができる直接対話を心掛けよう。そうすれば、きっと多くの気づきや学びを得ることができるだろう。

多様な人と直接会うことを楽しみ、クリエイティブに過ごそう!

　2022年に科学誌「ネイチャー」に、モニター画面越しでのウェブ会議では、人が直接会って話すのに比べて、創造的なアイディアが生まれにくい、という研

究結果が掲載された。ウェブ会議では、画面上の相手を注視する時間が長く、意識の多くが画面に集中しがちである。そのため、創造力へ向けられる脳のリソースが減少することが創造力低下の要因と見られているという。新型コロナウイルス感染症の拡大で増加したウェブ会議のあり方やコミュニケーションの一環としてのSNSツールの使い方にも、一石を投じる指摘だ。

　コミュニケーションの促進において、直接会って話をすることが最良の方法であることは間違いないだろう。しかし、物理的・空間的制約を超えて、多くの人とつながれるオンラインにも当然、良い点はたくさんある。これからの時代は、状況に応じた一時的なオンラインの選択があっても良い。ただし、その対象者や事項（課題）などについては、考慮しなければならないだろう。例えば、大学におけるオンラインの活用は、リマインダーとしての役割や緊急性が認められる案件に限定すべきではないか。

　大学では、講義に出て、研究室に足を運び、人（教員・友人）と直接会うことを楽しみにしながら、刺激的な議論を五感をフル稼働させて、物事をクリエイティブに考えることに挑戦してもらいたいと思う。

第3章
健康・体力を創造する

1. 豊かに生きるために欠かせない健康・体力

自己実現の基盤となる健康・体力

　不確実化・複雑化し、変容が著しくなるこれからの社会では、既成概念に惑わされず、自らに問いを立て、自分らしさを追求したwellness促進のための能力が重要になる。

　その促進には、「社会における共生・協働によって自己を理解し、実現していくライフスタイルの確立と、それに応じた体力を見直し、人生をマネジメントする能力」が求められる。人生の目的は、人々とのふれあいの中で、「自己実現」を図ることである。そのためには、まず生涯にわたる心身の健康体力の保持・増進が基盤になる。

　つまり、健康や体力の獲得は、人生を豊かにするための手段であって、人生の目的ではない。健康あっての自己実現であり、wellnessの促進である。人生は、それらによる所産である。

真の健康とは?

　「健康とは?」の問いに、健康に対する概念を消極的に捉えている人たちは、「身体の調子が悪くないこと」、あるいは「病気やストレスから身体を守れていること」などと答えるだろう。一方で、健康に対する概念を積極的に捉えている人は「身体の調子が良いこと」、あるいは「積極的に行動できること」などと答えるだろう。

　いずれの答えも、健康が持つ2つの側面（消極的・積極的）を簡単な言葉でわかりやすく表現している。一般的に「健康」という概念には、ばらつ

きがある。つまり健康観は、人それぞれで異なるのだ。

　一般的に想起される健康を客観的な概念とするならば、これに対する主観的な健康観として、wellnessという概念が存在する。wellnessの定義は定まっていないが、ここでは、「生きがいや仲間とのつながりと、それを実現できる良好な個々における身体特性」としよう。

　2016年リオデジャネイロ、2020年東京パラリンピック（カヌー競技）に出場したK.マグラス選手（オーストラリア）は、2006年に18歳でオーストラリア陸軍に入隊し、2012年に派兵先のアフガニスタンで爆弾の爆発により両足を失った。その後、2014年から本格的にパラカヌー（スプリント）をはじめ、ついには2016年、2020年の両パラリンピックで金メダルを獲得する。彼は、多くの人の助けにより、今があることに感謝している。

　「できなくなったことを考えるより、何ができるかが楽しみなんだ。できなくなったことも多いけど、ここにパラアスリートとしての自分がいる。脚を失う前より、良いよ」

　彼の言葉は、われわれに「健康とは何か？」を問い直してくれる。

Health-related fitnessの重要性

　wellness促進のための健康体力は、「Health-related fitness」（健康に関連する体力要素）と考えられる。世界に類を見ない速さで高齢化が進むわが国では、自己実現を支える基盤としての健康体力の存在意義がますます大きくなってきている。そのためには、将来を見据え、発育・発達期を過ぎた20歳前後から、健康に関連した体力に関心を持ち、その体力要素に対する働きかけを自ら心掛けることが肝要である。

　今日のわれわれは、健康を高めるための体力を運動習慣によって獲得し、かつ生活習慣病を予防し、快活な生活を送ることを目指す必要がある。

　具体的には、生活習慣病の発症要因と関係する「Health-related fitness」**（図3-1）**の体力要素を高めていくことが重要になる。「全身持久力」「筋力・持久力」「柔軟性」「身体組成（筋肉、脂肪、骨、水分）」といった要素は、一般人の健康に関わる体力「Health-related fitness」として位置づけられ

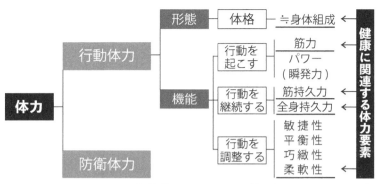

（杉浦「日常生活に活かす『スポーツ科学リテラシー』より）

図3-1　健康に関連した体力要素

ており、いずれも生活習慣病や要介護との関連性が明確な体力要素と考えられている。

　「全身持久力」は、有酸素運動的で持続的な活動が多い日常生活において、最も基本的な体力要素となる。一方で、運動不足によって健康上、最も大きなダメージを受けやすく、循環器系、代謝系の疾患の発症にも大きく関与する。

　「筋力・筋持久力（腹部、背部、大腿）」は、日常生活における立位、座位、歩行時などの動作・姿勢の改善に大きく関与する体力要素となる。運動不足によって、全身持久力に次いでダメージを受けやすく、骨・筋系の疾患の発症にも大きく関与する。

　「柔軟性」は、日常生活における立位、座位などの姿勢の維持、衣服や靴の着脱、歩行といった基本動作などに大きく関与する体力要素となる。柔軟性が欠けると、こりや痛みなどの症状が引き起こされることがある。しかし一方で、柔軟性があれば、日常生活で起こり得るけがや障害等の予防の一助ともなり得る。

　「身体組成」は、脂肪組織と脂肪以外の骨、筋肉、水などの除脂肪組織との構成割合を示す体力要素である。身体組成は、健康との関わりが大きい。

　日常から、全身持久力、筋力・筋持久力、柔軟性の体力要素を高めて、身体組成を適正に保つことを心掛けてほしい。そして、メタボリックシンド

ローム（循環器系、代謝系）や生活習慣病、ロコモティブシンドローム（筋系・骨系）等の予防に役立てたい。

身体の発育・発達過程でのスポーツ（身体活動）の効果

　われわれは、生まれてからおよそ20年の歳月をかけて、形態（筋肉、骨、神経、リンパなど）をそれぞれ発育させていく。同時に、身体の機能（筋力、パワー、筋持久力、全身持久力、調整力）も発達させていく。つまり、大人になっていくのである。その後、発育・発達した身体の形態・機能は、加齢とともに、低下の一途を辿ることになる**（図3-2）**。

　言うまでもないが、ヒトは、生まれてから死ぬまでの間、加齢という年月の流れの中で成長し、成熟し、そして老化していくのである。

　身体の発育・発達の過程にあるときに、スポーツによる働きかけを行え

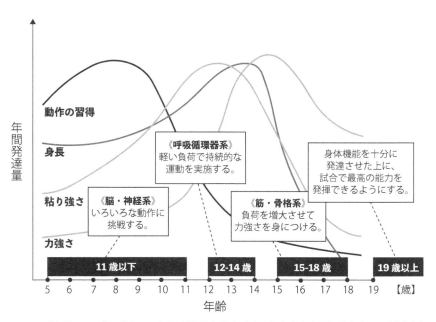

（宮下 1980『子どものからだ 科学的な体力づくり』東京大学出版会をもとに杉浦改変
杉浦「日常生活に活かす『スポーツ科学リテラシー』より」）

図3-2　発達曲線

ば、伸びゆく形態・機能をさらに向上させることができる。そして、成人した後のスポーツによる働きかけは、形態・機能を維持したり、低下を緩やかにする。また高齢になったら、スポーツによる働きかけは、形態・機能の衰えを遅らせることにも貢献できる。

このような観点から、加齢による形態・機能の変化に伴う運動効果の違いを理解して、その年代に応じた間違いのないスポーツ実施が望まれる。

生涯を通じて、スポーツで身体を動かせば、身体の機能が向上し、その衰えを緩やかにもできる。また、重篤な病気や介護などを予防する一助ともなり得る。スポーツ（身体活動）と向き合うことで、自己実現を目的とした豊かな人生に欠かせない健康と体力を獲得することができる。

「Sport in life」の取り組み

スポーツ庁は、関係省庁と連携しつつ、スポーツを通じた健康増進を図るさまざまなメッセージを発している。

その1つに「Sport in Life」という取り組みがある。この取り組みでは、「運動（スポーツ）をする」を身近にし、国民に運動習慣を定着してもらうことを呼びかけている。「Sport in life」では、さまざまな目的で行われる身体活動すべてを「運動（スポーツ）」とみなし、あえて「スポーツをする」というハードルを下げている。

「身体活動」は、「運動」と「生活活動」に分けられる。運動とは、体力の維持・向上を目的として計画的・意図的に実施し、継続性のある身体活動（スポーツ）を指す。一方、生活活動とは、日常生活における労働、家事、通勤・通学などの身体活動を指す。スポーツ庁の「Sport in Life」の取り組みは、日常の生活活動（行動）に変容を促すものだ。

運動と聞くと、ユニフォームやスポーツウェアに着替え、何かの選手のように自らを追い込んだり、腹筋を割るようなトレーニングを行うことを思い起こすだろう。しかし実は、「運動」という文字通り、日常の生活で足を運んで、あちらこちらへと位置を変えて動くことが想定されているのである。これらの取り組みには、運動に対するハードルを下げることでス

ポーツを生活の一部にし、結果として医療費等を削減したり、健康寿命を延伸させたりする、という趣旨がある。

「病気になってから、はじめて知る健康のありがたみ」では困る。病を患って床に臥してから、「どんな治療をするのか」を考えるのではなく、「どんな予防（対策）を立て、実践し、医者いらずにするか」が重要である。生涯を通じたスポーツ（身体活動）の習慣化による究極の目標は、「健康体を獲得しwellnessを構築すること」である。健康体に必要な健康体力の獲得は、日常生活でより積極的に動くことによってもたらされる「病気にならない、そして日常生活に支障を来たさない」という身体づくりにある。

豊かに生きるために必要なスポーツ文化

スポーツ基本法の前文では、スポーツが次のように規定されている。

「スポーツは、世界共通の人類の文化である。スポーツとは、生涯にわたり、心身ともに健康で文化的な生活を営む上で不可欠である。（中略）スポーツは、次代を担う青少年の体力を向上させるとともに、他者を尊重し、これと協同する精神、公正さと規律を尊ぶ態度や克己心を培い、実践的な思考力や判断力を育むなどの人格の形成に大きな影響を与える。（中略）さらに、スポーツは、健康で活力に満ちた長寿社会の実現にも不可欠である」

スポーツは、「人類共通の文化」であり、生活に影響を及ぼすものなのである。広辞苑によると、文化とは、「人間が自然に手を加えて、形成してきた物心両面の成果」となる。すなわち、文化の解釈は、「人間が豊かな生活を送るために編み出してきた産物」となるだろう。その産物の一つにスポーツが存在する。したがって、「スポーツ文化」とは、「快適で心地良い豊かな人生を送るための財産」と言えよう。

スポーツがわれわれの生活の一部として、そしてそれが個々の一生に息づくことで「スポーツ文化」は醸成されていく。自己実現達成のためのスポーツ（身体活動）への「気づき」と「学び」が欠かせないのである。身体活動を日常化して、豊かに生きるために欠かせない健康・体力を獲得していきたい。

2. 身体活動の意義を改めて問う

新型コロナウイルス感染症拡大がもたらした課題

　東京2020オリンピック・パラリンピック招致委員会が招致活動の成功後に掲げたスローガンは、「2020年を未来が記憶する素晴らしい年にしよう」であった。

　オリンピックやパラリンピックがアスリートのみならず、国民にとっても、4年に一度の特別な大会であることは言うまでもない。東京大会では、開催を通じてその有形・無形の財産によって、人々の生き方を豊かにして社会を変え、より良い日本にしていくことが切望されていた。

　しかし、描いていた未来は、思わぬことで別世界になってしまう。2020年に入って程なくすると、中国や欧州での新しい感染症（新型コロナウイルス感染症）拡大を伝えるニュースが国内外で頻繁に取り上げられるようになったのである。

　他人事と捉えていたわが国でも、瞬く間に教育機関の始業の延期にはじまり、小・中・高等学校の休校、オンライン授業の開始、移動の制限によるリモートワークの推奨、スポーツクラブの（一部）閉鎖といった措置が取られ、われわれの日常生活は一変した。

　そうした中、東京2020オリンピック・パラリンピックが、感染拡大の影響によって、1年延期となったことは記憶に新しいだろう。2020年からの流行期にわれわれは、経験したことのない脅威や危機に見舞われ、その暮らしや生き方まで変容を余儀なくされた。不要不急の外出制限に代表されるように、必要・不必要なことの選別を余儀なくされ、不確実な情勢に応じた自らの行動の適否までが問われた。

　それは、身体（スポーツ）活動においても、然りであった。コロナ禍は改めてわれわれに、現代社会における「身体活動の意義」を問い直す機会となったと言って良いだろう。

変容する社会と人生100年時代

　社会は長寿により、「人生100年時代」と言われるようになった。これからは、新しい人生の節目と転機が出現することになる。これまでの教育・就労・退職後という「3つの区切りステージ」の人生から、「マルチ・ステージ」の人生へと様変わりする。そこでは、スキル、健康、人間関係といった「見えない財産」をどのように形成していくのかが課題となる。

　今後は、これまでのロールモデルを参照するだけでなく、新しい生き方の計画と実行を繰り返しながら、生涯を通じて「革新（イノベーション）を続ける一生現役」が求められるだろう。また、これからの不確実な時代には、ものごとに対する柔軟性や創造性に加え、「活動性（的）：アクティブな自分」が新たに必要になるはずだ。

　厚生労働省によれば、2019年の日本人の平均寿命は、女性87.45歳、男性81.41歳である。一方で、健康上問題のない状態で日常生活を送れる「健康寿命」は、女性で75.38歳、男性で72.68歳（厚生労働省2019年）である。つまり、男性で約9年間、女性で約12年間は文字通り、「老境で病を得たり」という状態で、介護が必要な生活を送っていることになる **（図3-3）**。

　平均寿命における健康寿命の割合をいかに大きくするか、そのための実効的な対策が急務となる。理想は、「生涯を通じた健康」である。高齢期になってからの対策では、いささか遅いのである。目指すべきは、個々人が毎日の暮らしの中で生涯を通じて積極的な「からだとこころの健康づくり」にもとづく、豊かで幸せな生き方（wellness）を獲得する、というマインドチェンジである。「幸齢化＝幸せに年齢を重ねる」という視点の考え方で、われわれは喫緊の問題に迫りたい。

　しかしながら、健康の維持・向上のために身体活動（スポーツ）を採り入れ、自発的にそれを継続して実践していくことについては、依然として少なくない課題が残されているのも事実である。厚生労働省が推進する健康日本21の政策評価において「知識は増えても行動が伴わない」という実態が明らかになっていたり、世界中で運動不足が問題視されていることなどを鑑みても、多くの人に自発的なスポーツ活動を促すことは、容易なこ

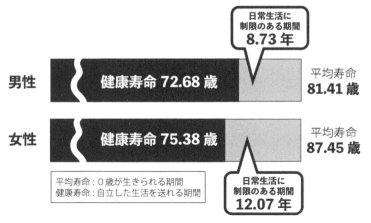

日常生活に制限のある期間 **8.73 年**

男性 健康寿命 72.68 歳 平均寿命 **81.41 歳**

女性 健康寿命 75.38 歳 平均寿命 **87.45 歳**

平均寿命：0歳が生きられる期間
健康寿命：自立した生活を送れる期間

日常生活に制限のある期間 **12.07 年**

(厚生労働省令和3年健康日本21(第二次)推進専門委員会資料「健康寿命の令和元年値について」より)

（厚生労働省資料をもとに作図
杉浦「日常生活に活かす『スポーツ科学リテラシー』」より）

図3-3　健康寿命と平均寿命の差

とではない。

これからの時代に求められる身体活動

　運動習慣の動機づけを高めるためには、認知的アプローチ（意思決定、健康教育、情報提供）および行動的アプローチ（目標設定、契約、自己監視、手がかり、報酬）がある**（図3-4）**。自らが、身体を動かすことの意味（目的）を明らかにし、その実践方法を身につけなければならない。「われわれの感情や思考行動のすべてには、身体的側面があるので、そこから情緒、態度、行為の教育をしていくことが望ましい」という「身体感性論」が不可欠である。すなわち、身体を動かすことの心地良さを実感し、それを構成するいくつかの要素を明らかにすることで、個々のwellnessを促進していくことが望ましい。不確実な社会情勢においても、「身体感性論」にもとづいた身体の知識と実践が身についていれば、自らに合った身体活動を工夫し、個々に応じたwellnessを促進できる。

　新型コロナウイルス感染症収束後は、過去の日常とは異なる社会が訪れ

るだろう。現在進行形の社会では、オンライン・システムの利便性に対する意識が確実に高まった。通勤・通学などに要していた時間や仕事の効率化によって生み出された時間などの使い方は、個々に委ねられることになりつつある。未来の社会では、必要・不必要の識別によって、時間の使い方が過去と違ってくるだろう。意味がある時間の過ごし方が自らの豊かな生き方（wellness）の促進となり、今後の社会でのスタンダードになっていくだろう。

　新型コロナウイルスは、「コモン・ウイルス」とも呼ばれ、コモン（公共）に甚大な脅威をもたらすだけでなく、コモン（公共）の人権、文化的な生活、ヘルスケアなどを通じて、「現代社会の再構成」をわれわれに突きつけることになった。それは、われわれ現代人が忘れかけている「ともに生きる（共生）」力を再現することと等しい。現代や未来では、ITの普及やAIの出現といった社会情勢の進化の中で、自らの豊かな生き方をどのように再構築していくかが問われてくる。

　その基盤が「身体活動を通じてのwellnessの促進」であろう。見方を変えれば、新型コロナウイルス感染症の危機は、われわれに身体活動の意義を問いかける「機会（チャンス）」を与えてくれたと言えるだろう。

認知的アプローチ
意思決定、健康教育、情報提供など

行動的アプローチ
目標設定、契約、自己監視、手がかり、報酬など

（Connら2011年より）

図3-4　運動習慣の動機づけを高める手法

3. 運動不足が人と社会に及ぼす影響

運動習慣の傾向——社会保障や経済にも影響

　わが国では、運動習慣（1回30分以上、週2回以上、1年以上継続）を持つ大人の割合が男性で3人に1人、女性で4人に1人程度に過ぎない。この傾向は、近年変わらない。また、成長期（10歳代）においても、遊びの質的変化やさまざまな理由などによって、「運動をしない子ども」の割合が大きくなっている。このことが近年の体力・運動能力調査（テスト）結果に少なからず影響を与えている。最近の青少年（6〜19歳）におけるテスト結果は、ピークであった1985年度と比較すると、明らかに低くなっている。子どもの頃からの体力低下が大人世代になっても引き継がれてしまうことは、問題と言えるだろう。

　運動習慣が確保されないと、将来的な生活習慣病の罹患数（率）の増加や健康寿命の低下が懸念される。さらに、それに伴う医療費負担の増加や労働力・生産能力の低下などにより、社会全体の活力も失われかねない。実際、運動習慣の低下（運動不足）がもたらす経済的損失は今や世界で年間7兆円に上る、という報告もある。世界有数の長寿国であるわが国においては、これらを改善するためにも、すべての年代（ライフステージ）における運動習慣の確保（運動不足の改善）が喫緊の課題である。

　テクノロジーの発達やITの技術革新などは、われわれに便利で快適な生活をもたらすと同時に、身体を動かす機会を奪ってもいる。そのため、これらによって生まれた自由な（余暇）時間こそ、「身体を動かすチャンス（機会）」と捉え直さねばならない。われわれは、「現代的なライフスタイルにより、さまざまな疾病が引き起こされる可能性が高くなっている現実」、そして、「日常生活に支障を来さない・病気にならない（健康寿命の延伸）ために、運動を習慣化させることの重要性がいっそう高まっている現実」を改めて認識しておかなければならない。

　事実、厚生労働省による「健康日本21」（第1次）の政策最終評価（2011年公表）では、「エビデンスにもとづく健康・体力づくりのための情報や具

体的な（数値）目標が示されても、運動習慣を有する人が増加していない」
と報告されている。また、世界保健機関（WHO）も、世界中で「運動不足
の改善に対する努力（取り組み）は、ほとんど成果を上げていない」と警
鐘を鳴らしている。

運動不足がもたらす悪影響

　WHOは2016年、世界の18歳以上の4人に1人に当たる14億人以上が運動
不足と見られる、という報告をしている。WHOの研究者らは、運動不足が
「パンデミック（感染症の世界的大流行）」のように世界にまん延している
と指摘しており、その状況は現在もなお改善していない。
　わが国においても、「運動不足が原因で毎年5万人が死亡」という資料が、
「身体活動・運動を通じた健康増進のための厚生労働省の取り組み」（2018）
で取り上げられている**（図3-5）**。
　運動不足と病気（疾病）を関連づけるという捉え方は、1961年に発刊さ

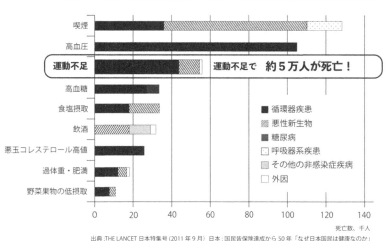

2007年のわが国における危険因子に関連する非感染症疾病と外因による死亡数

出典：THE LANCET 日本特集号（2011年9月）日本：国民皆保険達成から50年「なぜ日本国民は健康なのか」

（厚生労働省健康局「身体活動・運動を通じた健康増進のための厚生労働省の取り組みより」
杉浦「日常生活に活かす『スポーツ科学リテラシー』より）

図3-5　わが国では運動不足が原因で毎年5万人が死亡

れた『運動不足病（hypokinetic）』に溯る。「hypokinetic」は造語であり、「hypo」とはギリシャ語で「不足」を、また「kinetic」とは英語で「運動」をそれぞれ意味している。この本で著者らは、運動不足が筋・骨格系の疾患だけでなく、内科的疾患を引き起こすと指摘している。そして、運動不足によって生じる疾病を医学的な視点から体系的に解説し、身体活動の重要性を明らかにした（図3-6）。

　身体活動をしない「ベッドレスト」の状態が続くと、心臓の容積が小さくなり、全身持久力が低下する。次に筋が委縮し、筋力が衰える。つまり、身体を動かさない生活は、ヒトの運動機能を低下させることになる。この状態が長く続くと、ヒトは肥満（脂肪量の増加）になり、サルコペニア（筋肉量の減少）になる。

　脂肪量が増加すると、循環器系、代謝系、内分泌系の異常により、肥満症、脂質異常症、高血圧、高血糖（糖尿病）を発症しやすくなる。また、一つひとつが軽度であっても、それらを併せ持つことによって重篤な疾病（心疾患や脳血管疾患）を発症する危険性が高い病態「メタボリックシンドローム：代謝症候群」となる（図3-7）。

　一方、筋肉量が減少すると、運動器（骨、筋）の障害により、骨折（骨粗鬆症）、腰痛、関節疾患、脊椎損傷を発症しやすくなる。基本的な運動能力が低下し、日常生活で行う簡単な動作が困難な状態「ロコモティブシン

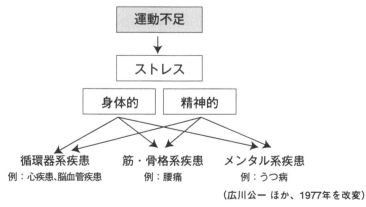

（広川公一 ほか、1977年を改変）

図3-6　運動不足がもたす疾患

（杉浦「日常生活に活かす『スポーツ科学リテラシー』より）

図3-7　メタボリックシンドローム

ドローム：運動器症候群）となる。そして、重症化すると、寝たきり（要
支援・介護）になる**（図3-8）**。

　運動不足は、動かなくても用を足せてしまう現代人のライフスタイルの
結果の象徴である。18世紀後半に人々の生活を大きく変化させた産業革命
以前には、運動不足の人はほとんどいなかったに違いない。運動不足（病）
は、まさに今の時代がつくり出した現代病とも言って良い。そして、その

（杉浦「日常生活に活かす『スポーツ科学リテラシー』より）

図3-8　ロコモティブシンドローム

運動不足が最も密接に関わってくる疾病が、生活習慣病なのである。

生活習慣病予防の重要性

　生活習慣病の定義は、「食習慣、運動習慣、休養、喫煙、飲酒などの生活習慣がその発症・進行に関与する疾患群」とされている。文字通り、生活習慣に着目した疾患群であり、加齢に着目した「成人病」とは概念的に異なる。そのため、成人であっても生活習慣の改善によって予防可能であるとし、1996年に当時の厚生省が「生活習慣病」と改称した。

　代表的な生活習慣病には、肥満症、脂質異常症、糖尿病、高血圧症、虚血性心疾患、脳血管疾患、骨粗鬆症などが挙げられている。また、これら以外にも大腸がん、肺がんなどが含まれることもある。生活習慣病に含まれる具体的な疾病名については、行政、学会、保険会社（官・学・産）などのそれぞれの立場や見解により、若干異なっているのが現状である。

　この中で、とくに肥満症、脂質異常症、糖尿病、高血圧症は、死因の上位を占める虚血性心疾患（狭心症・心筋梗塞）と脳血管疾患（脳梗塞・脳出血）の基礎疾患になることが指摘されている。

　また、日常生活に支援や介護を必要とする要介護の要因の上位は、かつては骨折（骨粗鬆症）・転倒、関節疾患、脊椎損傷による運動器の障害であったが、近年は認知症が全体の25％ほどを占め、トップとなっている。認知症の要因は生活習慣病でもあるので、その点からも生活習慣病の予防は重要である。

　生活習慣病の特徴は、ある日突然発症するのではなく、若い頃からの日常生活の過ごし方や良くない習慣の積み重ねにより、病気の根がだんだんと広がっていってしまうところにある。また、成人に限らず、年齢に関係なく症状が出てくるという点にも注意が必要となる。

　いずれにせよ、これまでの研究からも、適切な運動の実践が多くの生活習慣病を予防・改善することに大きな役割を果たすことは、間違いない。

「二次予防」から「一次予防」、そして「環境整備」（ゼロ次予防）へ

　今日の予防対策は、「早期発見・早期治療（二次予防）」より、「生活習慣を変えていくことによって病気にならないようにする（一次予防）」という積極的な考え方にもとづいている。つまり、「病気になったら治す」ではなく、「病気にならないように予防する」である。

　このような取り組みは、2000年に策定された「健康日本21」に採用されている。この政策は、ヘルスプロモーションの考え方を基本戦略としている**（図3-9）**。

　WHOによれば、ヘルスプロモーションとは、「人々が自らの健康とその決定要因をコントロールし、改善することができるようにするプロセスである」と定義されている。ここでは、健康が「人々が幸せな人生を送る『生活の質（QOL：Quality of life）』の向上ための大切な資源」と捉えられている。健康な人、病気や障がいを抱えている人も、何人もその人なりの幸

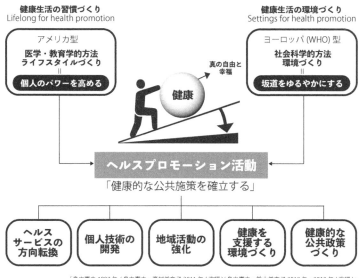

「島内憲夫 1987 年／島内憲夫・髙村美奈子 2011 年（改編）／島内憲夫・鈴木美奈子 2018 年・2019 年（改編）」

（日本ヘルスプロモーション学会ホームページより）

（杉浦「日常生活に活かす『スポーツ科学リテラシー』より」）

図3-9　エンパワメントと環境整備を両輪としたヘルスプロモーション

せな人生を送れるようになるためには、健康の維持・改善が必要になるということである。

　ヘルスプロモーションの考え方の肝は、個人が病気の治療のみならず、その予防や健康増進に向けて主体的、積極的に行動することを求める一方で、社会全体としても、その個人や地域が健康づくりの取り組みに着手できるように支援し、さらにそのための社会環境を整える「環境整備（ゼロ次予防）」の役割を担う大切さを強調している点である。そのような流れを受け、わが国も、従来の行政を中心とした指導・提供による疾病管理（二次予防）の取り組みから、行政・企業・住民参画の協働・支援による健康づくり（一次予防）の取り組みや、「自然に健康になってしまう環境づくり」（健康日本21第三次）へシフトすることを目指している。

　このうち、個人の予防に関しては、生活習慣の改善に関する課題を見つけ、それらに対する具体的な目標を挙げてみることが大切である。その中で、QOLを向上させ、健康寿命を延ばしていきたい。ちなみに、そのために必要とされる能力は、健康に関する情報を個々に応じて取捨選択できる「ヘルスリテラシー」である。

4. 運動が脳に及ぼす影響

現代人の脳vs原始人の脳

　人類は、約600万年から700万年前に二足歩行に進化した。そのとき、脳は筋肉の活動を調整し、不安定な姿勢のバランスを維持できるようにした。四足から二足歩行に伴う脳の進化によって、五感（見る、聴く、触る、嗅ぐ、味わう）を介して外部から得た情報をもとに、現状を認識したり、言葉を操ったり、学習・記憶をしたりする能力（認知能力）がより高められていった。

　そして、約200万年前頃になると、寒冷な気候への変化によって生息地が減り、人類は植物を食べるだけでなく、動物を狩って食べるようになった。

狩猟は、約1万年前に農業と牧畜がはじまるまで、約200万年にわたって人間の食を支えきた。人類は、狩猟中あるいはその前後で、五感を通じて脳でより多くの情報を処理・制御する必要に迫られ、その過程で、脳は発生するあらゆる問題に対応できるようにと進化していった。ところが、原始時代と呼ばれる約1万年前でその進化はストップし、われわれの脳はそれ以降、ほとんど変わっていない。

　一方で、18世紀半ばから19世紀にかけて起こった産業革命以来、とくにここ数十年のわれわれの生活・社会環境は、驚くほど変化した。現代社会は、物資に恵まれ、テクノロジーの発達により、便利な社会となり、動かなくて良い生活環境ができていく。そしてこれにより、現代人は原始時代の人々に比べ、はるかに動かなくても済む生活が送れるようになった。それに伴い、現代人の生活習慣は、原始の時代とは大きく変貌した。原始時代であれば、座ってばかりいたら、獲物を獲れず、新しい住処を探すこともできなかった。だから、原始時代の人たちは、われわれと比べものにならないくらい動いていた。

　今日のように、座りがちな生活をしていると、身体の調子が悪くなる。もともと身体の器官は、動くことに適したつくりとなっている。脳という器官も例外ではない。原始時代の人たちと同じようにと言わないまでも、積極的に身体を動かせば、脳はその機能を存分に発揮し、up to dateしていく。多くの現代人が心や体を病んでしまう理由は、原始時代の生活環境と現代の実態との差や矛盾にあると言って良い。

　本来、われわれの脳は、動くためにある。現代人の脳と原始人の脳は、ほとんど変わってはいない。大きく変わったのは、われわれの生活・運動習慣である。

テクノロジーの発達で脳の機能的役割が明らかに

　今から約2500年前、古代ギリシャの医学者ヒポクラテスは、医学を原始的な迷信や呪術から切り離し、臨床と観察へと発展させた。そこから長い時間を経て時代が下り、近代医学は、運動不足が筋・骨格系の疾患だけで

なく、内科的疾患を引き起こすことを指摘した。そして現在では、これら
の疾患が重篤な生活習慣病のトリガーとなっていることが広く認知されて
いる。

その一方で、テクノロジーが急速に発達し、医療の現場ではMRI（磁気
共鳴断層撮影装置）に代表される脳の機能を検査できる機器が登場する。
それらは、身体にメスを入れずに画像を通して頭蓋骨内を覗き、人間が思
考したり、作業したりするときに、脳がどのように働いているのかをリア
ルタイムで観ることを可能にした。

そして、その得られた画像によって、集中力、記憶力、創造力、ストレ
ス、うつなどの発生・発症機序や日常生活からスポーツに至るまでの動作
のメカニズムも明らかになった。

脳は、思考・作業状況に応じて、領域（前頭葉、前頂葉、後頭葉、側頭
葉）が個別に、あるいは連携しながら機能的に活動する **（図3-10）**。

例えば、ボールをバットで打つという複雑な動作は、投手の投球動作か
ら打撃まではわずか0.5秒程で行われる。その間、打者の脳では、何が起き
ているのだろうか。投手の手（指）を離れ、打者に向かってくるボールは、

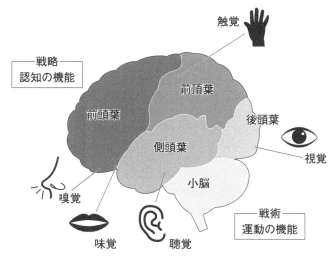

（長澤ら「運動生理学の基礎と応用」をもとに杉浦作図）

図3-10　脳の機能区分

眼の網膜に映る（眼球が捉える）。その情報は、視神経を通って脳へ送られる。さらに、それは視覚野（後頭葉に位置する）に伝わり、ボールの速度や方向が処理・分析され、前頭葉にその情報が送られる。そこでボールの種類やコースを予測し、打者はバットを振る戦略を立てることになる。さらに、その情報は運動野（前頭葉に位置する）に送られ、脳はバットを振るタイミングを待つことになる。そして、「今だ！」という信号が出ると、バットを振る戦略が小脳へと伝えられる。今度は、小脳がそれを運動神経に伝達し、筋肉を制御してバットを振る。脳では、このようなプロセスがわずかな時間で絶妙に行われていることになる。

　身体活動（スポーツ）動作のみならず、日常生活動作においても、脳が大きく関与する。筋肉は、脳の情報処理・指令によって動いているに過ぎない。身体を動かすのは、脳である。もちろん、動作の形態や難易度が異なれば、脳の関与や活動にも違いが現れる。さらには、動作が巧くできるようになると、脳のプログラムがよどみなく情報を処理できるようになる。それは、脳が学習し、機能的に活動できるようになることを意味する。

運動が脳の機能を改善する

　課題を解決するための思考や行動（活動）に必要な脳の領域が反応すれば、その部位での血流量が増す。それ以上に脳への機能的な影響（効果）を与えるのは、領域間の結合（連携）が強化されるときである。つまり脳は、網の目状に広がった神経のネットワークがシナプス（神経と神経の接合部）によってつながり、より複雑化していくことによって、機能強化し、進化してきたのである（**図3-11**）。

　ここで肝心なのは、身体を動かすほどに、その連携が強化され、脳を変えられるという点である。すなわち、座ったままで比較的単純な課題を行うパズルや脳トレによって頭を働かせるよりも、身体を動かすことで脳はup to dateしていくのである。

　脳に新たな細胞や血管が形成されたり、領域間の結合が強化されたりするまでには、ある程度の期間が必要になる。そのため、運動は根気よく、諦

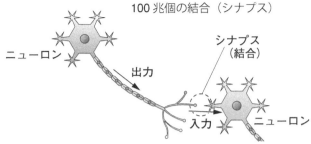

ヒトの脳には 1000 億個の神経細胞
100 兆個の結合（シナプス）

ニューロン

出力

シナプス
（結合）

入力 ニューロン

（我妻幸長「あたらしい脳科学と人工知能の教科書」をもとに杉浦作図）
図3-11　神経細胞のネットワーク

めず、とにかく続けることが肝となる。そのためには、「楽しくできる運動」が良い。ゆっくり歩いたり、心地良く走ったりするだけでも、効果は十分に認められている。脳が機能的に活動するためには、運動が大きな役割を果たす、ということを再認識しておきたい。

運動がもたらす心身の健康

　現代において、脳のコンディションを整える方法には、二つある。

　一つは投薬療法であり、もう一つは運動療法である。しかし、運動が脳のコンディションを整えることは、あまり知られていない。その理由の一つに、運動療法は投薬療法に比べて圧倒的に利益が上がらないため、一般に広まっていかない、という現実がある。

　投薬療法と聞くと、脳の機能に対してそれ相応の効果が期待できるのだろう、と考えがちだ。しかし、必ずしもそうではない。最新の医療においても、投薬による脳への効果は、限定的と言わざるを得ないし、長期間にわたる投与は身体にも良くない。

　一方で、運動が脳にポジティブな影響があることは、いまだ解明されていないメカニズムが存在しているものの、確からしいエビデンスも数多く蓄積されてきている。それらによると、脳の機能低下は現代人が運動をしないという習慣に関係している可能性が高いとされている。

言わずもがなだが、患ってから治療することを考えるよりも、脳の機能が低下していかないように予防することが望ましい。医学の父・ヒポクラテスは、「人間には歩くことが何よりの妙薬となる」という言葉を残している。はるか2500年前、近代の医療技術とは無縁だった時代に、ヒポクラテスは身体を動かすことが身体的、精神的な健康のために欠かせないことを知っていたわけである。やはり、身体を動かすことは、心身の健康における最良の薬と言って良いのである。

　われわれの日常の行動が心身の健康を、そして脳をコントロールしている。人生において、最高のコンディションを整えたいのなら、日常的に身体を動かすことを忘れずに心掛けてほしい。

5. 健康的生活デザイン能力の獲得

健康体力づくりの習慣形成における問題点

　わが国では、依然として、一部の限定された層（運動習慣がすでに確立されている者、定年退職者など）、すなわち全体の30％程度が習慣的にスポーツを実践しているに過ぎない。そして、それはここ十年間、横ばいの状態のままである。また、ライフスタイルへの強力な介入（運動・食事、行動変容）では、体力の向上や医療費の削減といった一時的な成果が得られても、記録管理型・専門家主導型であることから人的資源と膨大な（指導）時間を要する。また、短期的な運動習慣は身につく反面、その中長期的な継続がむずかしい、といった問題点が残る。

　これらの運動習慣を形成するための取り組みや考え方の根底には、わが国独特の「健康のためにスポーツをする」というパラダイムが存在している。つまり、「なぜスポーツをするのか？」「スポーツとは何か？」といった問いの答えとなる、スポーツが持つ本来の意義（play＝遊び）が損なわれ、身体を動かすことだけが半ば義務化された悪しき弊害が影響しているということである。また、スポーツは大衆化されてはいるが、スポーツが

生き方や暮らしを豊かにする役割を果たしているとは言いがたい状況もある。これからの超成熟社会においては、スポーツが持つ本来の意味である「遊ぶこと」「楽しむこと」を文化として捉え、それを通じて、幸福で豊かなライフスタイルを実現（自己実現）していくことへの「気づき」を得ることが求められる。

　これまでは、医療が疾病や未病の治療・予防という側面から、その役割を担ってきた。しかしこれからは、治療を中心とした医療の枠組みに頼らない「スポーツによる自発的なからだとこころの健康づくり」への取り組みが必要になる。

「フィジカル・リテラシー」の獲得

　「リテラシー（literacy）」とは、もともとは読み書きする能力である「識字力」「読解記述力」を指していた。しかし現代では、「物事を適切に理解・解釈・分析して、適切に記述・表現あるいは整理・活用する能力」といった訳が与えられ、「理解力」「応用力」「使いこなす力」などの意味で使われるようになっている。

　そうした中、スポーツ領域においても、身体活動（≒体育）に対するリテラシーとして、「フィジカル・リテラシー（Physical literacy）」といった用語が散見されるようになってきている。

　「フィジカル・リテラシー」の概念は、「生涯を通じて身体活動と関わるための動機づけ、自信、身体能力、知識、理解であり、これからの社会では、それらを社会・環境的側面に統合していくこと」とされる。つまり、われわれに求められているのは、スポーツや体育を通じて、人生を豊かにしていくため、個々人の「デザイン」を行うことである。

　そのようなデザインをする能力を教育するには、①健康に関する認識・知識、②運動するのに必要な基礎的な身体能力、③身体を動かしたい・健康になりたいという意欲・動機、④身体活動を通じた人と社会とのつながり、という4つの要素が必要となる（**図3-12**）。これらの項目は、多くの場合、後天的に獲得される。したがって、その項目の能力を向上させるため

には、フィジカル・リテラシー教育が必要不可欠になってくる。

日本型スポーツの教育的価値「TAIIKU<ruby>体育<rt>たいいく</rt></ruby>」と「フィジカル・リテラシー教育」

　わが国では昨今、「体育」から「スポーツ」への流れが加速している。具体的には、「国民体育大会」を「国民スポーツ大会」へと名称を変更したり、「体育の日」を「スポーツの日」と改めたりしている。段々と「体育」という言葉が消えつつある。

　しかし、「体育」の存在を否定することには、異を唱えたい。日本には、「体育」に包括された、あるいは一体となった（競技・健康）スポーツによって、個々人の人生への向き合い方の確立や「wellness（≒健康）」を育んできた歴史と文化があるのだ。今こそ、この概念の促進を目指すべきではないだろうか。

　オリンピックの代表的な種目の一つともなった「柔道（JUDO）」や日本発祥の「駅伝（EKIDEN）」のように、日本人の強みを活かした「TAIIKU」の概念を提唱したい。それは、つまり「スポーツ／体育」を融合したものである。スポーツ全般で繰り広げられるプレーには、筋書きのない展開が数々あり、それらには人生や社会に相通じる部分がある。また、わが国独

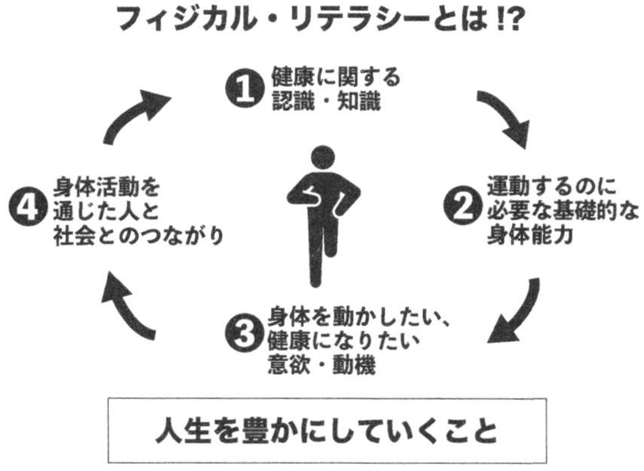

フィジカル・リテラシーとは !?

❶ 健康に関する認識・知識

❷ 運動するのに必要な基礎的な身体能力

❸ 身体を動かしたい、健康になりたい意欲・動機

❹ 身体活動を通じた人と社会とのつながり

人生を豊かにしていくこと

（杉浦「日常生活に活かす『スポーツ科学リテラシー』」より）

図3-12　フィジカル・リテラシーの要素

特の「体育」文化で培われたとも言える「礼節（尊敬)」や「協調性」は、スポーツのみならず、社会における日本人の特性として浸透しており、海外からも折に触れて賞賛されている。

　このような日本型スポーツの持つ教育的意義や価値を再構築して、継承すべきである。今後は、さらに「wellness：主観的な健康観」促進のための理論と身体活動スキルの修得によって、健康生活デザイン能力を高める「フィジカル・リテラシー教育」も望まれる。

　そこで、生涯にわたる学習への開かれた扉としての役割を持つであろう「TAIIKU」の展開を試みてみたい。

　そのような教育の導入によって、身体を動かすことが生活の中でごく自然な振る舞いとなり、それを通して、個々人の人生が、そして社会全体が豊かになってゆくことを願ってやまない。

　心身の発育・発達の時期に丈夫な身体をつくっていくためには、運動によるさまざまな刺激を与える「TAIIKU」が必要不可欠であると考えられる。しかしながら、「education of the physical（身体の教育：身体づくり）のみが目的となってはならない。体育の元来の目的は、「education through the physical（身体活動を通じての教育：身体と人間力の形成)」にある（**図3-13**）。

　すなわち体育では、日常生活に必要な基礎体力、健康的な生活を送るための能力、非認知能力の取得がそれぞれ目指されており、「総合的な人間力の育成」にこそ、そのゴールがある。これが「フィジカル・リテラシー教育」である（**図3-14**）。

education **of**
the physical
身体の教育：
身体づくり

education **through**
the physical
身体活動を通じての教育：
身体と人間力の形成

（杉浦）

図3-13　「TAIIKU」の2つの側面

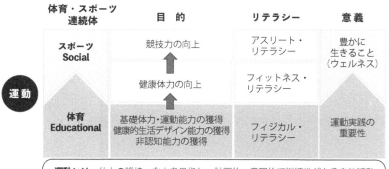

図3-14　「TAIIKU」＝「体育／スポーツの連続体」

ライフマネジメント能力の確立

　不安化・不確実化・複雑化し、変容が著しい現代社会においては、過去の成功体験や知識の参照だけでは通用しなくなっている。これからの創造社会を見据えた教育には、「自らが問いを立て、内省と対話の試行を繰り返す学習と、周りに惑わされない自分らしさを追求したwell-beingを獲得するためのライフマネジメント能力が重要」になる。

　この能力を向上するのに相応しい科目が、身体教育学（≒体育）である。その大命題は、実施者の人生を通じてのwellness促進にあると言って良い。

　その意味で、「フィジカル・リテラシー概念」の導入は意義深い。しかし国内では、フィジカル・リテラシーの概念がいまだ普及しておらず、黎明期にある。なぜなら、わが国では、数値ばかりに着目し、体力（構造と機能）を向上・増進させていくことに主眼が置かれてきたからである。そして、それは「いまもなお」である。わが国の「身体教育学」の問い直しは、喫緊の課題なのである。

　一方でわが国には、海外の「Physical Education」には存在しない「体育

／スポーツ」という独自の概念がある。日本で言うそれには、スポーツや身体活動によって、人格形成を為そうとする独自の文化観がある。改めてわれわれは、体育が担う役割を考えつつ、身体（活動）に関わる問題を捉え直すフィジカル・リテラシー教育に着目しなければならない。フィジカル・リテラシーは、人のコミュニケーション活動の幅を広げる（非認知能力の向上）ための役割も果たすことになるからである。

　従来の身体教育法は、画一的な「健康・体力の維持増進のための理論や技術の修得」を目的とした運動・スポーツの実践力の養成にとどまっていた。しかしこれからは、運動習慣を形成し、wellnessを促進させる行動が重要視されるべきである。

　したがって今後は、従来の専門家主導の教育から、コミュニティ（教育・地域・社会）が一体となり、相互に関わり合いながら（共生・協働）、一人ひとりが主役となるwellnessを生み出すフィジカル・リテラシー教育へのパラダイム変換にチャレンジしていくことが課題となるだろう。

第4章
アスリートに学ぶ「挑戦」「イノベーション」

1. 「信じる心」が生んだ背面跳び

偶然から生まれた走高跳びのイノベーション

　1960年代まで走高跳びの世界では、脚を振り上げ、腹ばいになってバーを跳び越す「ベリーロール」という跳び方が最も効率の良い跳躍であると考えられていた。その時代に、ベリーロールが苦手で、バーを跨ぎ越える「はさみ跳び」をしていた成績のぱっとしない高校生がいた。彼こそが、背中からバーを跳び越える「背面跳び」の開発者となったD.フォスベリー選手（アメリカ）である。

　はさみ跳びでは、上体を立てたまま、身体全体を押し上げる必要がある。効率の悪いスタイルではあるが、誰もが取り組みやすい。これに対してベリーロールは、バーに正対し、ダイブしながら前転飛び込みを行う、という原理的にむずかしい跳び方となる。実際、空中で身体の操作性を維持することが困難である。

　ところが、這うようにバーを飛び越えていくベリーロールは、コツさえ掴めれば、身体全体を押し上げる必要がないため、はさみ跳びより効率の良い姿勢で跳べる。だからこそ、当時の走高跳びは、ベリーロールが主流であったのだ。そのため、効率の良くないはさみ跳びで跳躍する選手は、ほとんどいなかった。

　ところが、フォスベリー選手は、背が高く、不器用だったため、身体の操作性を必要とする技術的にむずかしいベリーロールが苦手で、はさみ跳びで跳んでいた。彼が16歳である競技会に出場し、それまで経験したことのない高さにバーが上がったとき、はさみ跳びで踏み切りをしようとしながらも、腰がいつも以上に高く上がり、肩も普段より後ろに倒れて、背中

からバーを越えてしまった。この偶然が、背面跳び誕生の瞬間であった。決して格好の良い跳び方ではなかったが、背中からバーを越えるこの跳び方により、彼は大幅に自己記録を更新することになったのである。

当時、誰も見たことのないこの奇妙な跳び方は、周りのチームメイトから失笑され、コーチからも認められることはなかった。それでも、フォスベリー選手にはある直感があり、自分を信じた。そして、背面跳びの踏み切りに改良を加え、助走にも工夫を施し、一人で背面跳びに挑戦し続けた。後の研究で実証されることになるが、背面跳びは、ベリーロールと比較して、踏み切り時の助走スピードを最大限に活かし、同じ高さのバーに対して身体全体を高く持ち上げることなく跳び越すことができる理に適った跳び方であったのだ。

つまり、フォスベリー選手が開発した背面跳びは、走高跳びのいくつかある跳躍スタイルの中で最も効率の良い跳び方なのである（**図4-1**）。

背面跳びのアドバンテージ

ベリーロールでは、直線助走を用い、選手はバーに向けて真っすぐに走ってくる。そのとき選手は、高く跳ぶための勢いをつけるべく、踏み切り時に身体を後ろに大きく反らさざるを得ない。こうして身体を強引に傾ける動作を加えることは、急激なブレーキをかけることに等しく、助走の

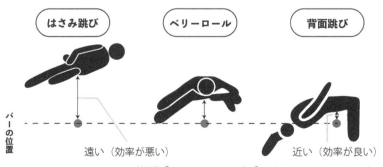

（杉浦「日常生活に活かす『スポーツ科学リテラシー』」より）

図4-1　走高跳びの跳び方の違いとバーとの距離

スピードを跳躍高に結びつけることがむずかしい。さらにバーをクリアするとき、脚を大きく前方に振り上げ、身体全体をほぼ同時に、半ば強引に押し上げなければならないので、ベリーロールでは大きなパワーが必要になる。

　一方、曲線助走を用いる背面跳びでは、踏み切り前の数歩を曲線状に走る。このとき選手は、身体を内側に倒しながら（内傾）、バーに近づく踏み切りの直前で後ろに反らす（後傾）という両方の動作が自然にできるため、踏み切り時に助走スピードをあまりロスしなくて済む。

　つまり、背面跳びではバーに対して、身体を後ろ向きにして頭、肩、背中、腰（臀部）、脚の順で無理のない姿勢でクリアしていくので、ベリーロールと比較すると、助走スピードを活かしやすく、かつ小さなパワーでの跳躍が可能となるのだ。

　フォスベリー選手は、曲線助走を用いて、踏み切り時にバーに対して背中を向けて越える背面跳びに、物理学（動作学）的な視点を採り入れ、その優位性の確証を得るために試行錯誤を重ねていった。それは、「これはいける！」という直感を確信に導くために必要な裏づけ作業だったのかもしれない。

　背面跳びは今日、世界中の選手に採用されている。男子では1980年から、また女子では1978年から現在に至るまで背面跳びを用いた選手がそれぞれ世界記録を更新し続けている。

パッとしない選手の「偶然」と「自分を信じる心」が変えた世界

　陸上競技フィールド種目の花形・走高跳びの背面跳びは、このように「偶然」から生まれた。それは、一人の高校生の「これはいける！」という直感からだった。

　意図しない「偶然」といえども、従来のやり方に固執していた多くの人々の思考を否応なく転換させる強力なキッカケとなった。偶然は、誰もが経験することだが、それを実際に受け入れて創造につなぐことのできる人は案外、少ない。

しかし、それがたとえ失敗であったとしても、そこから何かを得ようとするマインドや、わずかな手掛かりしかなくとも納得いくまで探求する根気と信念があれば、その偶然を味方にできる。そして、成功は、その先の思わぬ方向からやってくる。したがって、事を為すとき、常に柔軟な姿勢を失ってはならない。また、諦めてもいけないのである。

　そのような姿勢を持ったフォスベリー選手は、多くの人から笑われ、上手くいくわけがないと揶揄された方法で、試行錯誤を繰り返し、独学でより効率の良い洗練された跳躍スタイルを築き上げていった。自分で編み出した跳び方であるが故に、誰からも教わることができない環境下にもかかわらず、そのスタイルにこだわり続けた。「少年時代から慣れ親しんできた大好きな走高跳びで、とにかく高く跳びたい」。彼はそう願い、背面跳びを信じ続けた。

　「成功する人は運に恵まれている」、あるいは「運がない人だから成功しない」といった考え方がある。

　だが、本当にそうだろうか。偶然という予期せぬ出来事は、あらゆる人に起こり得る。統計学的に考えれば、人生トータルにおける偶然（幸運／不運）の確率はほぼ平等であると言う。偶然を幸運に変えられるのは、その人の考え方や努力が大きく影響する。フォスベリー選手だけでなく、さまざまな分野の先人たちがそうであったように、失敗や何気ない偶然の出来事をポジティブに捉え、「最高の結果」に転化しようとする心構えがあれば、前向きに捉えられるはずだ。そしてそのとき、「自分を信じる心」が必須だということを忘れてはならない。

　フォスベリー選手は、背面跳びで世界を変えた。しかし、世界を変えようと思っていたわけではない。好きな走高跳びで、より高く跳びたかっただけである。陸上競技の走高跳びに「背面跳び」というイノベーションを起こした彼の経験は、「たとえ壁にぶつかっても自分を信じる心を持ち続けることの大切さ」を教えてくれる。

2. 日本男子バレーボール金メダルへの道

危機感と屈辱を糧に練り上げた新たな戦略と戦術

　バレーボールは、長身であることが圧倒的に有利となるスポーツである。したがって、背が決して高くない日本人にとっては、不利なスポーツとなる。だが、日本男子バレーボールは、そうした常識をものともせずに、1972年に開催されたミュンヘンオリンピックで世界一に輝いた。金メダル獲得は、1964年の東京オリンピック後に結成された日本男子バレーボールチームの監督、コーチ、選手による8年間に及ぶプロジェクトの集大成であった。

　日本男子チームは、1964年東京オリンピックで銅メダルを獲得した。しかし当時、バレーボールと言えば、同オリンピックで金メダルに輝いた女子がその代名詞であった。「東洋の魔女」と呼ばれた女子チームの陰に隠れていた男子チームは、歯牙にもかけられない存在だったのだ。東京オリンピック後に代表監督に就任した松平康隆氏は当時、この忌々しき事態に男子バレーボール界への危機感と屈辱を覚えた。これらが、彼の金メダルを目指す原動力であった。

　日本男子バレーボールチームがミュンヘンオリンピックで金メダルを獲るためには、旧ソビエトや旧東ドイツに代表される「力と高さのバレー」に対抗できる戦術が必要だった。彼らの多くは、日本人より背が高い。そして、その武器は、上から打ち下ろすスパイクの破壊力とともに、高い壁となるブロックの威力であった。長身選手が多い外国勢のブロックは、守備としてよりも、むしろ相手選手のスパイクを跳ね返す攻撃的プレーとしての役割を果たしていた。

　またこの頃、長身選手の多い外国勢に有利になるルール改正も行われていた。それは、ブロックの際、オーバーネットをしても反則行為にならない、という新たな規則であった。身長で劣る日本チームに、ますます不利な条件が突きつけられたのであった。

　そこで、松平康隆監督、コーチ、選手は、これまでのバレーボール界にない新しい技の開発に取り組んだ。身長差をカバーして戦うには、どうし

たら良いか、どんな滑稽なことでも良い、と彼らはアイデアを出し合った。とは言え、ジャンプ力を鍛えるには限界がある。どんなに鍛えても、長身の外国勢のブロックより高い位置からスパイクを打つことは不可能である。ならば、相手のブロックを外すしかない。そこで、打つと見せかけて、タイミングや位置をずらしたりして、ブロックを外してスパイクを打つ、という戦術を捻り出す。

　トップレベルのバレーボールでは、ボールの展開がスピーディなので、選手は相手の動きや戦術などの情報をもとに、予測して跳ぶことが多い。速攻や時間差を組み合わせた多彩な攻撃をすれば、ブロッカーの選択肢は多くならざるを得ない。すると、ブロッカーの反応は遅くなり、アタッカーがコートに打ち込むボールの軌道からブロックがはずれる瞬間が生まれる。その1秒にも満たないわずかな間隙を突いて、アタッカーがスパイクを打つ。これが、当時の松平康隆監督率いる日本バレーボールチームが考えた「コンビネーションバレー」の原点である。

　日本チームが開発したコンビネーションバレーは、人（ブロッカー）の予測のメカニズム（選択肢が多いと反応時間が長くなる）を巧みに利用した合理的な戦術であった（**図4-2**）。

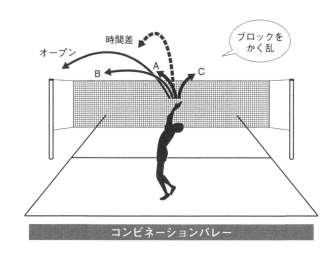

（杉浦）

図4-2　ブロック対応をかく乱する攻撃のバリエーション

新たな戦術を獲得した日本チームは、守備でも世界一を目指した。それは、自分の守備範囲を今まで以上に広げることだった。

　すなわち、普通に構えていたらとれないボールをつなぐのだ。ボールの落下地点に向かい、うつぶせで受身の姿勢をとりつつ、腕を伸ばして飛び込んでいくレシーブである。2メートル近い選手が宙を舞ってレシーブするという新たな技術は文字通り、「フライングレシーブ」と名づけられた。

コート外の戦術と「ミュンヘンの奇跡」

　このように松平康隆監督は、年月をかけて、その当時のバレーボールになかった技を開発し、着々とチームを完成させていった。

　同時に彼は、コートの外でも、チーム力を上げるための準備を怠らず、知恵を絞り、金メダルを獲るための戦術を次々と実行した。「選手のモチベーションをさらに上げるためにマスコミを活用する」「金メダルを獲りにいくミュンヘンで日本を応援してもらえるように、あらかじめ西ドイツで新しいバレーボールの普及活動を行う」「勝負事での絶体絶命の場面を想定し、ベテラン選手を登用しておく」などである。ミュンヘンオリンピックで金メダルを獲るために考えられることはすべてやり尽くした、とメンバー全員がそう思えたとき、1964年の東京オリンピックから8年の年月が経過していた。

　ミュンヘンオリンピックの予選リーグで、日本チームは1セットも落とさず、他国を圧倒した。しかし、迎えた準決勝では、大苦戦を強いられる。2セットを先取されるという絶体絶命の中、ベテラン選手への交代でリズムをつかみ、奇跡の大逆転劇を演じてみせた。決勝では、観客を味方にして東ドイツを撃破し、金メダルを獲得する。これは、「ミュンヘンの奇跡」として、今もなお語り継がれている。

　松平康隆監督はまた、当時はなかったジュニア世代からの育成・強化プロジェクトを実行し、1968年メキシコ大会で銀メダル、1972年ミュンヘン大会では金メダル獲得へと昇りつめた。その後、男子バレーボールは、わが国での人気スポーツの一つとなったのである。

「負けてたまるか」——反骨精神を名誉（誇り）に変えた信条

　1964年東京オリンピック後に男子バレーボールが味わった屈辱感は、彼自身の信条である「負けてたまるか」につながる。

　しかしこれは、相手に対してではなく、自分自身への言葉であり、自身の克己心を駆り立てるものだ。反骨精神や意地は、ときに必要となる。ただしそれは、他者に向かうのではなく、自分自身に向かう心としたい。何事においても、挑む対象を相手ではなく、自分自身としたとき、人は卓越した能力を発揮する。

　「負けてたまるか」は、松平康孝監督の人生訓でもあるが、これは彼がバレーボールに心血を注ぐ源であった。「金メダルを獲りにいく」。このような目標には、生半可な想いで立ち向かえるものではない。覚悟が必要である。このような覚悟は、自分にとって名誉だと思えることでなければ、持てなかったであろう。自分にとっての名誉は、自分が「誇り」とする事柄である。そう思えたら、人は目先の成功ではなく、その先の栄光をも追求できるようになる。

　やれるだけのことはやる（ベストを尽くす）ということは、雌雄を決するその瞬間にだけ尽くすことではない。そこに至るまでの準備を周到にする、と言うことであろう。最高の準備が最高の結果を呼ぶ。自らに課した目標や夢を達成するには、覚悟を持って、近視眼的にならず、遠い未来を見据えていくことが必要不可欠だ。

　覚悟を持ったときの人間の強さ、そして発想、発見、創造、思考などの人間の叡智の集積が、大きな目標や夢を叶えることになる。

3. 魂の「トルネード投法」

「本物と勝負したい」という闘志

　メジャーリーガーとなった日本人は、これまでに50人を超える。日本プ

ロ野球選手にとって、メジャーリーグでプレーすることはもはや夢ではなくなり、海の向こう側（アメリカ）への「移籍」へと様相が変わった。海外FA（フリーエージェント）権の行使やポスティング制度ができ、正式にメジャーリーグ球団と契約するためのハードルが低くなったこともあり、遥か彼方にあった夢のメジャーリーグ・ベースボールは今日、随分と身近になった。

　しかし、今から30年以上前、アメリカのベースボールは、日本のプロ野球とは質やレベルが違う異次元のスポーツと受け止められていた。実際、1980年代までは、シーズン終了後に日本プロ野球とメジャーリーグが戦う親善試合で、一方的に負けることが多かった。多くの日本人にとって、メジャーリーグはテレビ番組で時折、好プレー・珍プレーなどで紹介されるVTR映像でしか見ることができない憧れの世界最高峰のプロ集団だった。この当時に日本人選手がメジャーリーガーになり、活躍することなど、想像もつかなかったのである。

　そんな時代に、1人で自分の夢を貫き通した日本人選手がいた。その人物こそ、「トルネード投法」で歴史に名を刻んだ野茂英雄投手である。彼は、1990年に日本プロ野球にデビューし、いきなり新人王とMVP、沢村賞などのタイトルを獲得し、その後の3年間も毎年17勝、18勝の勝利数を残した日本を代表するエースピッチャーであった。

　そんな中、日米の親善試合で実際のメジャーリーガーの実力を目の当たりにし、「本物と勝負したい」という闘志をかき立てられ、ますますメジャーリーグ・ベースボールへの想いが高まっていった。と同時に、日本プロ球界の体質や選手の起用法、契約方法などに強い疑問を抱くようにもなっていた。

　そして1995年、ついに野茂投手は、日本での安定した立場と圧倒的な人気を捨て、「最低年俸」でメジャーに挑んだ。当然、アメリカではまったくの無名であった。しかし、150km/時を超えるライジング・ファストボールで追い込んだ後、驚くほどにストンと落ちるフォークボールで空振り三振を獲る、という彼の投球スタイルは、メジャーリーガーたちをきりきり舞いさせた。

スタイルを変えずに挑戦する姿勢への共感

　当時、メジャーリーグには、フォークボールを投げる投手がほとんどいなかった。フォークボールは、ほかの変化球とは明らかに異なる有効性を持っている。

　投手が投げる球筋には、大別して「曲がる」と「真っすぐ」の2種類がある。「曲がる」に属する変化球は、ボールが横方向へ移動するので、打者がこれを判断する時間がある。一方、「真っすぐ」に属するフォークボールは、「真っすぐ」に来てストンと落ちるので、打者はこれに反応できない。人の眼は元来、横への変化を追いやすいが、縦への変化には対応しづらい。しかも、これに150km／時を超えるスピードのストレートも武器としていたから、打者が戸惑うのも当然であった。

　彼には、独自のフォーム（トルネード投法）で自分のボールを投げるスタイルを貫けば、メジャーリーグの強打者であろうと三振は獲れる、という自信があった。両腕を頭上に掲げ、左脚を高く持ち上げながら、上体を大きく捻り、打者に背を向けて一瞬動きを止め、強いボールを投げ込む「トルネード投法」の小気味良いリズム感は、観ているわれわれの心も躍らせた。一方で、荒れ球で四球も多かった。しかし、それがかえって打者の的を絞らせず、良い結果を導くことが多かった。その豪胆さこそ彼らしく、見る者の心を奪った。

　ルーキーイヤー（1995年）となったシーズンは、ストライキなどの暗い話題が多い中、アメリカのベースボールファンは野茂投手に熱狂した。彼は、アメリカ人に尊敬されるタイプだった。口数が少なく、個性的で、決して諦めず、言い訳もしない。そして、何事にも全力投球だった。失われた「フロンティア（開拓者）精神」を彼に重ねた。そして、ついには「NOMOマニア」というコアなファンまで登場するまでになった。たった一人でメジャーリーグに挑戦してきた日本の侍を受け入れたのである。

　野茂投手は、メジャー・デビューの年、オールスターに先発投手として出場し、新人王も獲得した。まさに、センセーショナルな活躍だった。そしてその後、複数の球団を渡り歩き、2度のノーヒットノーランという快挙

も達成した。アメリカが日本を代表するエースである野茂英雄投手に大いに注目している事実は、日本でも大ニュースになった。登板する試合がテレビ中継され、多くの人が釘づけになった。社会現象にもなった。

　この現象は、日本人の自尊心を刺激した。日本人投手がパワフルなアメリカ人の打者をバッタバッタとなぎ倒すのを見て、日本中が誇りに満ち溢れた。それは、野茂英雄投手のスタイルを変えずに挑戦していく精神への共感から生まれた、と言ってよいだろう。

夢を夢で終わらせない──道を拓くゆるぎない自信と誇り

　野茂英雄投手は、メジャーリーガーになることが夢だったわけではない。速球とフォークボールを中心とした自分の投球スタイルで「メジャーリーグで投げ続けること」が夢だったに違いない。日本人はえてして、先陣を切って波風を立てるようなことをやりたがらない。しかし、ひとたび誰かが殻を破って成功すれば、みんなが我も我もと追随する。開拓者となるタイプが少ないのが日本人なのだ。

　そんな中にあって、野茂英雄投手は、「メジャーリーグで投げ続けたい」という夢を持つ一方、「その後に続く日本人選手に道を拓きたい」とも考えていた。彼の想いには、日本人としての誇りがあったのだろう（**表4-1**）。「日本人のレベルはこの程度か…」と思われるのがイヤだったのだ。彼は、われわれの想像を超える強い意志で困難を乗り越えていった。「開拓者」こそ、野茂投手に相応しい呼称だろう。彼の精神を支えたのは、ゆるぎない自信と誇り、そして強い意志であろう。

　開拓者には、2通りある。1つは「自分の道を拓く」こと、もう1つは「他者への道を拓く」ことである。彼は、単にチャレンジしただけでなく、大きな成功も収めた。野茂投手の大きな功績は、そこにある。だからこそ、次々と日本人選手がメジャーリーグに挑戦できたのである。当時の彼の活躍なくして、今の日本人メジャーリーガーの活躍はない、とさえ言われている。彼こそ、日本人メジャーリーガーのパイオニア的存在である。

　野茂英雄投手は、夢を夢で終わらせないために道を拓いていくには、そ

自分のスタイルを変えてまで、
成功しようとは思わなかった
自分の力でどこまでアメリカでできるか、
それがやりたくてここまでやってきた
アメリカでメジャーで、世界最高峰の場で
野球をやるのが夢だった
夢はお金では買えない

By 野茂英雄

表4-1 「開拓者」野茂英雄の夢

れまでの実績とそれに培われた自信、そして夢にチャレンジする確固たる
意志が必要であることを、われわれに教えてくれた。

4. 球（求）道者の「夢中」

イチロー選手の壮烈な活躍と功績

　ある特定の一選手の名がわれわれの生活の中に常にあることは、極めて
珍しい。「形容する」とは、過去において比較できる対象があればこそだが、
彼は常に前人未到の領域を歩んできたため、比較対象がおらず、形容する
言葉が見つからない。そのスポーツ選手の名は、鈴木一朗。登録名は、カ
タカナで「イチロー」である。

　イチロー選手は、日本とアメリカで28年間もプレーした野球選手である
（**表4-2**）。彼は、日本でレギュラーの座を掴んだ最初の年（1994年）に、史
上初の1シーズン200本安打を達成した。その後も、日本プロ野球に所属し
ていた2000年のシーズンまでに数々のタイトルを獲り続けた。

戦列を離脱することなく、
トップレベルの戦績を残し続けた！

イチローの日米での打撃成績			
年	日本 1992 ～ 2000	米国 2001 ～ 2019	日米通算
試合	951	2653	3604
打率	.353	.311	.322
安打	1278	3089	4367
本塁打	118	117	235
打点	529	780	1309
盗塁	199	509	708

（NPB、MLB公式サイトをもとに杉浦作図）

表4-2　イチロー選手の打撃成績

　メジャーリーガーとなった2001年には、いきなり首位打者と新人王、MVPを獲得した。その後もメジャーリーグで、シーズン最多安打、史上初の10年連続200本安打など、毎年のように数多くの記録を打ち立てた。記録だけでなく、壮烈な記憶を残し、平成が終わりを迎える直前の2019年（平成31年4月）、日本で開催されたメジャーリーグの試合でユニフォームを脱いだ。まさに彼は、平成の時代とともに歩んだスーパースターであった。

　イチロー選手の魅力は、「攻・守・走」のいずれの要素にも卓越した能力を発揮していた点にある。投手の動作に合わせて、右脚を振り子のように大きく振る独特の振り子打法、レーザービームのような外野からのダイレクト返球、次の塁を果敢に狙う頭脳的な走塁といった一挙手一投足に、多くの人々の注目が集まった。文字通り、試合中、目が離せない存在感のある選手だった。

　メジャーリーグに移籍した当初、イチロー選手の前評判は、「体格に劣り、パワー不足であるので、日本と同じように活躍することはむずかしいだろう」というものであった。しかし、彼は1年目から、巧みな技術力と見事な適応力で、存分に実力を発揮した。パワーヒッターの豪快なホームランが売りだったメジャーリーグ・ファンに、新しいベースボールの魅力を伝えたのだった。その実績は単年に終わらず、毎年積み上げられた。彼の活躍によって、日本のプロ野球のレベルの高さがアメリカでも認められる

ようになった。

　国別対抗のWBC（ワールドベースボールクラシック）においても、日本の中心選手として活躍し、2連覇に大きく貢献した。第1回大会での第2ラウンド初戦のアメリカ戦で、メジャーリーグの球場で初回に放った先頭打者本塁打や、第2回大会の球史に残る決勝戦10回表のチャンスで放ったセンター前ヒットで勝利に導いた試合は、日本のプロ野球選手に世界で戦える自信と勇気を与えた。

　そして、その後、数多くの日本人野手がメジャーリーグに挑戦した。

　イチロー選手は、彼らの夢への道を拓いたのである。

圧倒的なパワーを凌駕した「思考脳」×「作業脳」

　イチロー選手を語るときに特筆すべきは、28年間もの間、ケガや故障によって1度も戦列を離脱することなく、現役を続けたことである。

　さらに、その間、単にメジャーリーガーの平均的なレベルの成績に留まらず、常に超一流レベルの成績を打撃、走塁、守備の部門で安定して残し続けたということも、注目すべき点である。

　彼は、「思考脳」と「作業脳」をフル回転させることで、パワーで圧倒する指向の強いメジャーリーガーに対抗していった。アスリートが良い結果を出すためには、トレーニングや試合で培われた経験や記憶を頼りに、あらゆる状況を予測し、それに対応する最適解を導き出し、実行することが求められる。脳で思考したことを身体で実行（作業）する、というプロセスが、イチロー選手は極めて正確で速いのである。

　アスリートが発揮する能力は、「思考脳」×「作業脳」の結果である。彼は、体格に劣る日本人選手だからこそ、「考える競技」である野球というスポーツに「楽しい（夢中になれる）」という魅力を感じ、そこで自分を表現できる、と活路を見い出した。

　そして、それに向かって、弛まぬ努力を重ね、創意工夫し、心身を鍛え上げていったのであろう。

夢中になるためのサイクル＝継続する力

　一気に目標や夢を叶えようとすると、現実の状態とギャップが大き過ぎて、気持ちがついていかず、続けることが困難になることがある。

　だが、イチロー選手は、試合の前から自らが決めたルーティーンを確実にこなし、自らを高め、良いパフォーマンスを発揮するために目の前の準備に集中した。やれることは、すべてこなす。どんな状態であろうと、自分の未知の可能性を信じて、練習を続ける。イチロー選手は一貫して、目標や夢に向かって自分を信じ、コツコツとトレーニングを続けた。

　「最近は、情報量と知識が多いため、最短距離で目標（夢）まで到達できる可能性が増えたのではないか？」といった問いに対し、イチロー選手は、「無理だと思う」と言い切る。そして、まったくのミスなしで目的地（目標や夢）に到達することはできない、と指摘する。目標や夢の達成のため、イチロー選手でさえも、やはり失敗と挑戦を繰り返したのだ。

　人は、試行錯誤の中、自分なりの考えで理論を形成し、どうにか成功へと辿り着こうとする。そこに、意志と信念が生まれる。そして、仮説が思い浮かび、それを検証してみたくなる。検証すると、仮説と結果にズレが生じ、再び対策を考えるようになる。夢中になるためのサイクルである。

　夢を達成するためには、このような作業が繰り返し行われている。そして、これこそが夢中、すなわち「夢の途中」にあることを意味している。長く現役を続けてきたイチロー選手は、夢中になるこのサイクルを継続してきたと言って良い。

　好きなことや試したいことがあるなら、挑戦してみれば良い。挑戦しなければ、後悔する。夢中になった結果であるなら、きっと後悔はないだろう。イチロー選手が28年間の現役生活で貫き通したのは、「野球を愛し続けられた」ことだと言う。夢中になれることに挑戦し続ける愛があったからこそ、その道程が長く険しくとも最高のパフォーマンスを発揮するために全力を傾けることができた。

　イチロー選手にとって、野球が「考えるスポーツ」だったからこそ、夢中になれたのだろう。そんな野球を愛し続けてきた彼は、多くのファンの

期待にも応えたいと思い、努力を重ねつつ、その魅力を伝えてきたのではないだろうか。その想いは、引退して、高校野球や女子野球の普及に務める現在の活動にも垣間見える。自らが愛してやまない野球の「頭で考え、それを表現する魅力」は、しっかりとわれわれに伝わっている。

　何事にも、長く続けられるには、それ相当の理由がある。若い人たちには、夢中になれることにいつまでも携わってもらいたいと思う。そんな人生を歩んでほしい。

5. 「高速水着」が覚醒させたもの

水着のイノベーション──「スイミング・ギア」

　2008年、驚異的な速さを実現する「高速水着」が登場した。流体力学解析システムによって導き出された、水の抵抗を受けづらい一本の細い棒状に泳者を仕立てるような水着である。その開発には、NASA（アメリカ航空宇宙局）の技術者までもが参加したという。高速水着は、強力な素材でつくられているパネル材で身体の凹凸を平らにし、「抵抗の少ない理想的な体型をつくること」と「動きやすさ」とのバランスがとられている。

　高速水着の開発のカギは、「発想の転換」にあった。高速水着を開発したイギリスの水着メーカーの開発責任者は、「スパゲティを茹でようとしたとき、乾麺が湯の中にスーッと入っていくのを見て、閃いた」と振り返る。つまり、目指したのは、ヒトの身体を極限まで抵抗の少ないカタチにすることであった。

　高速水着の開発のポイントは、従来の水着の構成（素材・表面）の改良から、やがて機能の向上へとシフトしていった。すなわち高速水着は、抵抗の少ない理想の泳ぎのフォームを自然につくり出す「ウェア」ならぬ「ギア（道具）」なのである。高速水着は、「スイミング・ウェア」から「スイミング・ギア」になったのだ（**図4-3**）。

　これを着用する際、選手は、伸縮性のない素材でできた小さめのサイズ

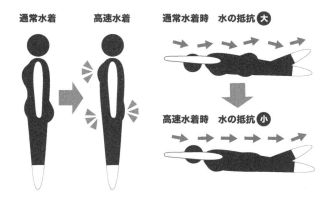

スピード水着の形状

通常水着　高速水着　通常水着時　水の抵抗 **大**

高速水着時　水の抵抗 **小**

（河合「読売新聞2008.6.20朝刊」を改変）
（「日常生活に活かす『スポーツ科学リテラシー』」より）

図4-3　高速水着の意義＝「推進力」vs「抵抗」のバランス

の高速水着を選んで、身体を詰め込むようにする。すると、選手の体型は
胸部、腰部、臀部の凹凸がなくなり、流線形の殻をかぶったように成形さ
れる。この水着を着用すれば、選手は限りなく少ない抵抗で、水中を進む
ことができるようになる。その結果、選手の抵抗排除能力を向上させるよ
うな努力が不要となる。

　事実、選手からは、「後半バテない（高速水着が理想の泳ぎのフォームを
維持してくれる）ので前半から突っ込める」「従来の水着と比べて泳ぎの感
覚が違う（スーッと前に進む）」といった高速水着を歓迎する声が相次いだ。

選手の抵抗排除能力の向上を不要にしたが…

　威力を増大させる「ギア（道具）」へと進化した高速水着の出現は、選手
やコーチに新たな「記録の向上への期待」を予感させた。しかし一方で、
「記録の更新には高速水着が欠かせない」「高速水着を着ていないと勝負に
ならない」といった戸惑いも与えることになった。また、度重なる世界記
録の更新に、世界トップレベルの選手が「水着ではなく、選手が主役であ

る」と主張するようにもなった。

　そうした議論を横目に、高速水着を着用した2008年と2009年に競泳のほとんどの種目で世界記録が更新された。だがその後、この高速水着の着用は、わずか2シーズン（2008年、2009年）で終わりを告げた。

　競泳の奥深さやむずかしさは、推進力が増して速く泳げば泳ぐほど、水の身体への抵抗が大きくなってしまう点にある。この両者、すなわち「推進力（筋力・パワー）」と「抵抗排除能力（技術）」の両立をはかりながら、いかにして速く泳ぐか、が競泳の魅力と言える。しかし、高速水着の着用は、選手の抵抗排除能力の向上を不要にし、単に腕力やキック力のある選手を有利にしてしまうだけであった。これでは、競泳の魅力が半減してしまう。「もはや競泳とは言えない」と高速水着の出現に異論を唱える科学者も現れたほどだ。要するに、高速水着の出現は、「競泳」という競技自体を変えてしまうほどのインパクトがあったのだ。

　このような議論の末、高速水着は禁止された。

「人間は常に変わり得る」というマインドセット

　速く泳ぐことに有利に働く高速水着によって誕生した世界記録は、廃止により当分の間、更新されないだろう、と多くの関係者が予測していた。

　ところがその後、水着モデルが規制され、不利になったにもかかわらず、選手はほとんどの種目で世界記録を更新したのである。この事実は、高速水着が出現してからの10年間の世界の「水泳界の進歩」とも見て取れる。この間に、新たなトレーニング法の整備やコーチ・選手の意識の向上が大きく影響したに違いない。

　高速水着が撤廃されてはじめて開催されたロンドンオリンピック（2012年）で、いくつかの種目で世界新記録が樹立された。高速水着の着用が認められていなかったにもかかわらず、世界記録が更新されたことから、選手たちは「競泳の進歩は止まっていない」との見解を示した。高速水着禁止後の2010年にデビューを果たしたM. フランクリン選手（アメリカ）は、「ロンドン五輪で『高速水着はいらない』と世界に証明できたことは素晴ら

しいと思う」と語っている。

　記録更新の要因の一つとして、速く泳ぐことに特化した体幹トレーニング法の進歩によって、選手の水中での身体の使い方が洗練されていったことが挙げられる。アメリカ代表のチームディレクターであったF.ブッシュ氏によれば、「確かに（世界記録）ハードルは上がった。しかしそれで、選手とコーチは次のステップを見据えるようになった。高速水着の出現は、むしろ幸運だったと思えるようになってきた」と語った。また、同国短距離種目のA.アービン選手も、「みんなが不可能だと思うところまで限界を上げることは、人間の精神の一部だと思う。選手たちは、自分たちが進化するための責任を背負っている」と語っている。

　その後、世界記録は、次々と塗り替えられることになる。そして、2023年世界水泳において、すべての種目で世界記録が更新された。ヒトの進化は、科学の進歩をも超えてゆく、ということを証明している。今後、競泳の世界記録はどこまで更新されていくのか、に注目したい。人類の挑戦は続く。

　「人間は拡張的・可変的で常に変わり得る」という信念があれば、能力を努力次第で伸ばすことができる。たとえ難題であっても、前に進むことに挑戦できる。自分の能力を信じることができれば、つまり信念があれば、しかるべきマインドセットができ、その後の人生への向き合い方（motivation）が変わってくる。マインドセットとは、「できない（不可能）」を「できる（可能）」に変える「心の壁の突破」である。それは、まず自分を信じることからはじまる。未知の領域への到達は、自らの可能性を信じ、それに向かって挑戦するための新たな決断と勇気を与えてくれる。

6. 競技スポーツに昇華させた「トリプルアクセル」

フィギュアスケートの「革新者」

　2005年の冬、われわれの前に女子フィギュアスケーターの新星が突如と

して現れた。その人物は、挑戦する女子選手がほとんどいなかったトリプルアクセルをいとも簡単に成功させてしまう中学生であった。2005 〜 2006年のシーズンに15歳で当時の世界女王を破り、グランプリファイナルを制した彼女は、その後、オリンピックも2度経験し、26歳で迎えた最後の全日本選手権でもトリプルアクセルに挑んでみせた。その人物は、トリプルアクセルを代名詞にして、世界のフィギュアスケート界の「革新者」とも謳われた、浅田真央選手である。おそらく日本のフィギュアスケートの歴史において、最もファンから愛されたスケーターと言って良いだろう。

　オリンピック初出場となったバンクーバー大会（2010年）では、重厚感あふれる曲にのせた演技で、銀メダルを獲得した。女子シングルで史上はじめて、1つの競技会で3度のトリプルアクセルを成功させたのである。バンクーバー五輪後、ジャンプ（トリプルアクセル）の矯正に苦しんだ時期もあったが、2012 〜 2013年シーズンには、トリプルアクセルを2年ぶりに成功させ、その魅力あふれる演技を維持し続けた。

　優勝候補と目され、満を持して臨んだソチオリンピック（2014年）では、ショートプログラムでまさかの転倒が相次ぎ、16位と大きく出遅れた。しかし、翌日のフリープログラムでは、冒頭にトリプルアクセルを決め、女子史上初となる全6種類、計8度の3回転ジャンプを次々と成功させ、見事な追い上げで6位入賞を果たした。この演技は、「伝説のフリー」と世界中から称賛され、後世に語り継がれることになった。

　その翌年、浅田真央選手は、記憶に残る数々の演技をわれわれに遺し、惜しまれつつ引退した。

高い身体能力や技術力が求められる「競技スポーツ」への変革

　アクセルとは、6種類あるジャンプの一つの名称である。このアクセル以外には、ルッツ、フリップ、ループ、サルコウ、およびトウループがある。その中でも、アクセルは最も難易度の高いジャンプになる（**図4-4**）。
　アクセルは、それらのジャンプの中で唯一、身体を前向きにして踏み切る。前向きであるが故、踏み切るときにトウピック（スケート靴のブレー

・アクセル
・ルッツ
・フリップ
・ループ
・サルコウ
・トゥループ

難

（杉浦）

図4-4　ジャンプの難易度

ドの先端に付いているギザギザの部分）を氷面に引っかけて転倒しないか
という恐怖心が生まれる。また、着氷時にトウピックを氷面にこすりつけ
てブレーキをかけつつ、後ろ向きにバランス良く着氷しなければ、転倒の
可能性が高くなる。いずれにしても、身体が後ろ向きになるため、ほかの
ジャンプよりも半回転多くならざるを得ない。すなわち、トリプルアクセ
ルは、身体を3回＋半回転しなければならないので、ほかのジャンプと比べ
て難易度が高くなるのだ。

　トリプルアクセルを成功させるためには、空中でほかのジャンプより距
離を長く、そして高く跳ばねばならない。当然、助走のスピードと踏み切
る際の脚力が必要となるが、助走スピードが速くなると、一番良い姿勢で
踏み切るタイミングをつかみづらくなる、という弊害も生じる。男子に比
べ、脚力の劣る女子では、なおさら成功率が低くなるのである。

　そんな中、浅田真央選手のトリプルアクセルの技術は、ほかの選手を圧
倒していた。それは、ソチオリンピック（2014年）のフリープログラム演
技の得点割合に見ることができる。演技冒頭にトリプルアクセルを決めた
浅田真央選手の得点は、技術点73.03点、演技構成点（≒芸術点）69.68点を
獲得し、フリープログラムによる合計は142.71点となった。合計得点の技
術点が占める割合は51.17％と、ほかの上位選手と比較しても高い値であっ
た。男子と異なり、高い技術点が出にくい女子においては、彼女の技術点

が占める割合は顕著に高いものだった。

　浅田真央選手は、フィギュアスケートを美しく芸術的であるだけでなく、高い身体能力や技術力が求められる競技スポーツへと変革させた。

自分との戦い——折れない心と新しい自分を求める努力

　浅田真央選手は、オリンピックで銀メダル、世界選手権で3度、グランプリファイナルでも4度優勝している。にもかかわらず、2017年の引退会見で、最も印象に残っている演技を聞かれると、彼女はソチオリンピック（2014年）でのフリープログラムを挙げた。

　バンクーバーオリンピック（2010年）で銀メダルに終わった彼女にとって、ソチオリンピックで金メダル獲得は悲願であった。しかしショートプログラムでは、冒頭のトリプルアクセルで転倒し、その後も不安定な演技に終始した。演技を見ていたわれわれも16位という成績に言葉を失い、彼女自身も直後のインタビューで茫然自失の状態であった。ところが翌日、落ち着いた様子で演技をスタートさせ、トリプルアクセルを含む全6種類の3回転ジャンプの計8回ですべて着氷し、美しくも力強いステップでミスのない演技を披露したのである。

　フリープログラム前日のショートプログラムでの失敗や周囲からの励ましの声、これまでの努力など、さまざまな感情が浅田真央選手を襲ったことは、想像に難くない。それでも前日の失敗に臆することなく、リスクを覚悟して果敢にトリプルアクセルに挑んだ。どんなときでも「前へ進もう」という彼女の想いは、見る者の胸を熱くした。過去の自分を乗り越えて、未来の自分へと向かう尊さを教えてくれた演技だった。

　ショートプログラムの後、一緒に戦ってきたフィギュアスケーター、多くの人々から、彼女に励ましのメッセージが送られてきたと言う。これほどまで愛されたスケーターは、いないだろう。彼らは、彼女のフィギュアスケートに挑む姿勢に共感しているからにほかならない。彼女は、現役時代、昨日の自分を超えることを常に目標としてきた。「伝説のフリー」は、多くの人の声援や応援があったからこその演技だったとも言える。

浅田真央選手は、トリプルアクセルを代名詞とし、そのむずかしいジャンプを一度も手放すことなく、現役時代にずっと挑戦し続けた。その気持ちの強さが何より素晴らしい。新しい自分を見つけるための挑戦にトリプルアクセル・ジャンパーとしての矜持を見る思いがした。折れない心は、「応援をしてくれる人の存在」と「自分の心の思うまま、行けるところまで行き、新しい自分になるための挑戦」という想いがあったからなのかもしれない。

彼女は引退後も、アイススケートショーで新しい自分を求め続けている。その中で、楽しみながら再びトリプルアクセルに挑戦している。

7. ラグビー日本代表の 「ジャイアントキリング」

日本人が苦手・不利な 「主体性」 「身体性」 が求められるスポーツ

初の日本開催となった第9回ラグビーワールドカップ（2019年）で、ラグビー日本代表チームは、新たな歴史を切り拓いた。

予選（プール）では、アイルランドやスコットランドという複数の強豪国を倒し、4連勝した。それは、「奇跡」ではなく、「実力」でつかみ取った、代表チーム史上初のベスト8進出であった。

同年には、新語・流行語大賞の年間大賞に、日本代表がスローガンにしていた「ONE TEAM（ワンチーム）」が選ばれた。「ONE TEAM」とは、一体感のある組織を目指そう、という想いで掲げられたという。その意味は、ただ単に1つになることではなく、それぞれの異なる力を融合することにある。外国人選手を多く起用しながら、個々がバラバラで動くのではなく、逆に、日本人の強み（協調性がある、規律を守る、真面目であるなど）が発揮される「ONE TEAM」を目指したのである。

その日本人の強みを活かす「礎」は、4年前の2015年にイングランドで行われた第8回大会における日本代表チームの躍進にある。その当時の指導者は、エディ・ジョーンズ監督（オーストラリア）であった。

ラグビーは、試合がはじまれば、監督やコーチがグラウンドで直接指示を出すことができない中で80分間、広いグラウンドにおいて激しいコンタクトプレーが連続するスポーツである。したがって、選手自身が刻一刻と変わる試合の状況に合わせて臨機応変に対処し、マルチタスクをこなしながら、勝利という一つの目標に向かって進んでいくことが要求される。ボールを保持している選手へのタックルが許されるので、体格差も大きなハンデとなる。つまりラグビーは、「主体性が求められる」「身体がぶつかり合う」という日本人が苦手・不利とされる要素がたくさん含まれているスポーツなのである。

「日本は永遠に世界で勝てない」という評価の中で…

　ラグビーは、1970年代後半から1980年代にかけて、大学の対抗戦でも国立競技場が超満員になるほどの人気を博していた。

　ところが、1993年にJリーグが発足し、グラウンドで行う同様の球技種目のサッカーに注目が集まるようになる。1995年の第3回ラグビーワールドカップ大会で、ニュージーランドに17－145と、史上最多失点記録として残る大敗を喫し、日本でのラグビー人気は一気に低下してしまった。あまりにも世界のレベルとかけ離れた日本ラグビーに、多くのスポーツファンが愛想を尽かしたのだ。他競技で、世界に進出する選手が出たり、インターネットの普及で世界の一流選手のプレーが簡単に見られるようにもなり、多くの国民のスポーツ選手を見る眼が世界規準となったことも、日本ラグビーの人気の陰り（低迷）に拍車をかけたのだった。

　ラグビーワールドカップでの日本代表チームの成績は、散々であった。1987年の第1回大会から連続で出場してきたが、第7回大会（2011年）までの通算戦績は、1勝21敗2分けであった。2011年の大会まで日本代表チームにとって、ラグビーワールドカップは苦闘の連続だった。この当時、世界の評価は、「日本は永遠に世界で勝てない」であった。

　だが、2012年のエディー・ジョーンズ氏のヘッドコーチ就任を機に、日本代表チームは大きな変化を見せる。それまでに1勝しかできなかった日

本代表チームが、2015年の第8回大会の予選で3勝した。ラグビーW杯ではじめて、予選（1次リーグ）で3勝しながらも、準々決勝に進出できなかったチームになった。しかしそれ以上に、世界にインパクトを与えたのが、「ブライトンの奇跡」「ジャイアントキリング（スポーツ史上最大の番狂わせ）」と呼ばれた南アフリカとの試合での劇的な勝利であった。

　日本は、ワールドカップでニュージーランドとオーストラリアにしか負けたことのない世界ランキング3位の南アフリカ相手に、試合の立ち上がりから一歩も引かない戦いを繰り広げた。

　体格で劣る日本代表チームであったが、ラグビーの最も基本的な要素であるフィジカルコンタクト（タックル、スクラムやモール）でも互角に渡り合った。後半に入って、日本語による「ニッポン！ニッポン！」というかけ声と、英語の「ジャパン！ジャパン！」というかけ声が一体化し、異様な盛り上がりを見せる。後半28分、日本が29-29の同点とする。そんな中、何とか勝ち切りたい南アフリカは、残り試合時間が10分を切った後半32分にPG（ペナルティゴール）を選択して、勝ち越した（29-32）。一方、日本は、試合終了直前に訪れたPGのチャンスでスクラムを選択した。選手全員が前に出ながら、ラストワンプレーで相手のプレッシャーをものともせず、ボールを連続攻撃でつなぎ、最後は左隅に日本チームがトライし、史上最大のセットアップを「ジャパンウェイ」で完結させたのである。

自分を知り、自分の道を行く「ジャパンウェイ」

　ジャパンウェイとは、「日本人らしさを活かす」ということにあった。

　世界の強豪国と同じようなプレーをしても、体格に劣る日本は勝つことができない。エディ・ジョーンズ監督は、負け癖がついていた代表選手らのフィットネスを猛練習で心身ともに徹底的に鍛え直した。

　日本人には、外国人にはない忍耐力があり、勤勉さと責任感の強さからくる諦めない姿勢という強さもある。一方で、主体性・創造性に欠ける。彼は、これらの日本人の強みも弱みも最大限に活かし、日本人らしさを活かした戦略を練り、それを活かす戦術を獲得させていった。そして、日本代

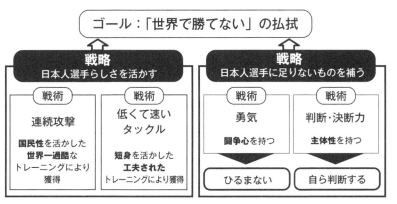

図4-5　エディ・ジョーンズ監督が実践した「日本人らしさ」を活かした戦略と戦術

表チームは、展開の速い連続攻撃や短身を逆利用した低くて速いタックルや、選手自身が「困難に立ち向かう・ひるまない」「考える・判断する」ゲームプランの実行を戦術とした（**図4-5**）。

　ラグビーは、1チーム15人という比較的大人数で、コンタクトが許され、80分間もゲームが行われるため、体格・体力差がそのまま勝敗に大きく影響するスポーツであるが故、「番狂わせ」が起こりにくいとされている。

　しかし、「ブライトンの奇跡」は、それまで1勝しかできなかった日本代表チームが、優勝経験があって世界最強との呼び声の高かった南アフリカを相手に起こした「番狂わせ」そのものの奇跡だ。

　南アフリカの反則で、ラストワンプレーとなったとき、日本のベンチからの指示は、PGによる同点（3点）狙いであった。しかし、グラウンドの日本選手たちは、迷うことなく、逆転を狙い、トライ（5点）をとるためにスクラムを選択した。ただしそれは、日本チームのボールキープが終わったらその瞬間、試合が終了することを意味した。だが、最後は見事な連続攻撃による逆転のトライとなった。「歴史的な勝利」は、選手たち自身の勇気ある決断によるものだったのである。

　ベンチワークと異なる選択をした選手たちに対し、エディー・ジョーンズ監督は、「最後まで相手に向かっていった。引き分けを狙わず、PGを蹴

らない選択をした彼らの勇気を称えたい」とコメントした。

　もちろん、最後まで走り抜いたフィットネスが最大の勝因であった。それに加えて、日本人の特性を活かした戦略と緻密な戦術—ミスや反則を最小限に留めた規律正しさ、勇気ある決断—も、特筆すべき要因であったことは強調しておきたい。

　偉業の達成は、誰にでもできることではない。しかし、ラグビーの枠を超え、世界中の人々に勇気を与えたラグビー日本代表チームの「ジャイアントキリング」は、「自分を知り、自分の道を行く」ことは誰にでもできる、ということをわれわれに教えてくれる。

8. わが国が生んだ「アンダーハンドパス」の快挙

アンダーハンドパス再考の萌芽

　陸上日本代表のリレー強化は、個人種目で世界と戦うことが至難の業であった1980年代に遡る。その当時、日本陸上競技連盟は、4×100mリレーの競技力向上（入賞を目標）に特化したプロジェクトを組み、個人種目（100m、200m）でのレベルアップを図ることを目指した。しかし残念ながら、そのプロジェクトは、個人あるいはリレー種目において、関係者を納得させる成果を上げるには至らなかった。

　ところが、今から四半世紀以上前（1991年）に4×100mリレー変革の萌芽が見られた。それは、一人の青年研究者（筆者＝杉浦雄策）が、誰も興味を示さなかった4×100mリレーのデータの中から、当時、主流でなかった「アンダーハンドパス」に着目したことからはじまった。筆者はデータを分析し、日本陸上競技連盟科学委員会バイオメカニクス研究班の報告書や国際陸上競技連盟の研究雑誌でバトンパスについて、「走者間の利得距離を長くすること（オーバーハンドパス）より、速い疾走速度で短時間に完了するための動作（アンダーハンドパス）を指導していくことが望ましい」という独自の理論を展開した。

この示唆に、「4×100mリレーで勝つためには、バトンが如何に速くトラック（400m）を一周するかを追求することだ」というコンセプトを持っていた名門・順天堂大学の指導者だった佐久間和彦コーチが同調する。彼はそれ以前から、個々のスプリンターの育成（延べ11人のオリンピック・世界陸上等の日本代表選手を輩出）のみならず、リレーの強化（日本選手権、日本学生、関東学生で優勝、入賞も多回）にも努めていて、4×100mリレーにこだわりを持っていた。

努力の積み重ねが結実させた世界的賞賛

　バトン受け渡しの方法は、オーバーハンドパス（downsweep pass）とアンダーハンドパス（upsweep pass）に大別できる。
　一般的に、オーバーハンドパスは肩の高さの位置で、アンダーハンドパスは臀部の後方の位置で、それぞれバトンの受け渡しを行う。1968年のメキシコオリンピック女子4×100mリレーで、世界新記録の期待がかかったポーランドがアンダーハンドパスでバトンを落として以来、バトンパスはオーバーハンドパスが主流となっている。

（堀川「読売新聞2008.7.5」を改変）
（「日常生活に活かす『スポーツ科学リテラシー』」より）

図4-6　「アンダーハンドパス」と「オーバーハンドパス」の違い

オーバーハンドパスがアンダーハンドパスより好まれる（優位である）理由は、いくつかある。その中でもっともな考え方は、「オーバーハンドパスはバトン渡し走者と受け走者の利得距離が長いため、両走者がバトンを保持して疾走する距離が短くなる」ことにある（**図4-6**）。そうした中、佐久間コーチは、科学によって導かれたエビデンス（理論）と自身のコンセプトを洞察した。その結果、彼は、アンダーハンドパスにはオーバーハンドパスより優れた点があることに気づき、アンダーハンドパスの試行錯誤を重ねた。その利点は、アンダーハンドが疾走動作を崩さず、バトンを受け渡すことができる、ということにあった。

　この取り組みは、まずオーバーハンドパス信奉者であった選手らの説得や指導書を見直すことからはじまり、アンダーハンドパスの欠点（バトンを握り直すか持ち替える）の克服をも強いることになる。それでも彼は動じず、アンダーハンドパスに挑戦し続けた。

　アンダーハンドパスの重大な欠点は、佐久間コーチの発想の転換によって、あっさりと解決した。それは、パスのときにバトンを渡す走者の手の平を上に向けるというシンプルなものだった。彼は、その試行錯誤の中で問題点を解決し、既成概念を突破したのである。佐久間コーチの発想の転換に「これだ！」と叫ぶような瞬間があったかもしれないが、そのひらめきは偶然に生まれたものではなく、長い時間をかけた勤勉な努力の積み重ねの結果である。誰もが努力を重ねれば、創造の力を高められることを、われわれに教えてくれる。

　その後、佐久間コーチが指導する順天堂大学短距離チームは、アンダーハンドパスを実践し、改良を加える中で、国内の主要大会（日本学生対校選手権、関東学生対校選手権、日本選手権）で成果を重ね続けた。やがて、強豪大学（チーム）が取り組み、成果を示すことにより、自ずとアンダーハンドパスは注目を浴びることになる。いまや多くの有能な選手、コーチ、研究者がその技術を受け継ぎ、オリンピックや世界選手権でのメダル獲得という歴史的快挙を成し遂げている。

　短距離走の弱小国だった日本代表チームの偉業は度々、世界からも称賛されている。2016年のリオデジャネイロオリンピックの男子4×100mリ

レーで、日本チームが果たした快挙を記憶している人も多いだろう。この
とき、優勝したジャマイカのアンカー、U.ボルト選手は記者会見で、「日本
はチームワークがいい。この数年、彼らを見てきたが、彼らのバトンパス
（アンダーハンド）はいつも素晴らしい。われわれよりはるかにたくさんの
（バトンパス）練習をしていて、チームメイトを信頼している」と賞賛した。

　世界主要大会における度重なる4×100mリレーの快挙は、少なからずわ
が国の短距離種目（100m）のレベルアップにも貢献し、9秒台スプリンター
を4人輩出するまでになった。

「走者」ではなく「バトン」に着目した「Thinking outside the box」

　アンダーハンドパスへの挑戦をはじめた1990年代半ば、誰が将来の日本
4×100mリレーがこれほどまでの躍進を遂げると考えただろうか。恐らく
誰も予想しなかったであろう。

　日本代表チームがアンダーハンドパスを採用したのは、2001年。それか
ら20年、日本代表チームは主要な世界大会（オリンピック・世界陸上）で
4つのメダルを獲得している。そこには、たゆまぬスタッフの献身的な科学
的サポートと、勝負の舞台での日本代表選手・コーチの決断と勇気があっ
た。わが国で改良が重ねられたアンダーハンドパスは、日本リレーの特技
となっている。リレー競技は、日本人が古くから重んじている協調性（団
結力）の文化にうってつけなのかもしれない。

　科学による説得力と人の洞察力の協働によって、古くに用いられていた
アンダーハンドパスは再生された。物事を解決しようとするとき、理論と
実践のズレが必ず生じる。問題点を数値で解き明かすことは意外に容易い
が、実践となると上手くいかないことが出てくる。そのときは、試行錯誤
を繰り返す。既存の枠組みにとらわれずに物事を考え、新たに再生したア
ンダーハンドパスは、これまでと異なる見方（創造）によって生まれた。

　既成概念の突破によるバトンパスの技術変革は、「走者」ではなく「バト
ン」に着目した「Thinking outside the box（既成概念にとらわれず考える
＝創意工夫）」の創造的な思考にあったのである。

ときには常識を疑え! 教科書を捨てろ!

　アンダーハンドパスの導入は、既成概念にとらわれない独自の理論にもとづく実践への挑戦であった。

　挑戦者たちの想いは、個々の疾走能力がライバルと比べて劣っていても、さまざまな工夫を施し、リレーで勝利を収めることだった。その工夫とは、「4×100mリレーではバトンの移動速度をいかに低下させずに走れるかが重要になる」という視点である。彼らは、科学によって導かれたエビデンス（理論）と自身のコンセプトを洞察し、アンダーハンドによるバトンパスを実践していった。

　この挑戦は結果的に、両走者が腕を伸ばし、利得距離を得て、バトンを受け渡す、というオーバーハンドパスの常識的な優位性に疑問を投げかけることにもなった。ともすれば人は、「見過ごしてしまいそうなこと」や「常識を疑うこと」に無頓着である。「これで本当に良いのだろうか」「ここを変えるともっと可能性が広がるかもしれない」といった思考を持てば、「できっこない」ことが「できるようになる」ことがある。

　科学と人の創造の共生による挑戦によって生まれた日本代表リレーチームの快挙は、常識（指導書、教科書）を疑う、という既成概念の突破に原点があったのである。

9. 二刀流

ベーブ・ルースの100年後に活躍する大谷翔平選手

　二刀流と言えば、大谷翔平選手が日本プロ野球、そしてメジャーリーグで活躍する以前には、巌流島の戦いで有名な剣豪・宮本武蔵（1584 〜 1645年）を思い浮かべる人が多かったに違いない。宮本武蔵は、一刀流が主流の剣術に二刀流という革命を起こした開拓者である。しかし、現代の二刀流と言えば、大谷翔平選手の代名詞である。ベースボールの本場、アメリ

カで二刀流は「two-way player」と言われる。その元祖は、「ベースボール
の神様」と呼ばれるG.H.ルース（通称：ベーブ・ルース）選手（アメリカ）
である。

　ベーブ・ルース選手は、1914年にメジャーリーグにデビューした。だが、
主に「two-way player」として実績を残したのは、1918年、1919年の2年間
であった。1920年以降は、基本的に野手としてプレーし、1935年に引退し
た。22年間の現役生活で、打者として714本の本塁打を打ち、投手として94
勝の勝利を挙げた。そして今もなお、アメリカを象徴する唯一無二のヒー
ローであり続けている。

　それから100年後、大谷翔平選手が登場する。彼は今、「ベースボールの
神様」であり、古き良きアメリカのヒーローと比較されるまでになった。
さらに、ベーブ・ルース選手とは異なる自分の道を切り拓いていく、とい
う新たな挑戦を続けている。

　大谷翔平選手の名前を日本全国に知らしめたのは、高校3年生時に夏の
甲子園予選での地方大会で、高校生としてはじめて球速160kmを記録した
ことにはじまる。ホームランも、高校通算で56本（歴代25位）を打ってい
た実績があった。高校野球を引退した後、「メジャーリーグのトップで活躍
し、今までに存在しない選手になる」ことを目標とし、メジャー挑戦を公
言していた。

　しかしながら、高校生の大谷翔平選手には、メジャーリーグに挑戦した
いという明確な想いを抱いてはいたものの、これまでに存在しない選手に
なるという具体的なプランまではなかったように思われる。

「誰も歩いたことのない道を歩いてほしい」

　そんな中、日本のプロ野球球団が強行指名した。最終的に、大谷翔平選
手は入団を承諾することになったが、その決め手となったのは、「大谷翔平
君 夢への道しるべ～日本スポーツにおける若年期海外進出の考察」とい
うタイトルの球団レポートの内容と、入団交渉の際にかけた栗山英樹監督
（当時）の言葉であったという。その言葉とは、「誰も歩いたことのない道

を歩いてほしい」であった。そしてそれは、「二刀流でトップ選手になる」を意味していた。

　投手と野手の二刀流としての育成によって、史上最高の選手と謳われる大谷翔平選手のフィクションのような世界であり、また漫画のようなストーリーが、そこからはじまることになった。

　大谷翔平選手は、2013年から2017年までの5年間、日本でプレーした。ルーキーイヤーの2013年から投手として、そして野手・打者として、試合に出続けた。この年、高卒新人のプロ野球選手として、初勝利と初本塁打を記録した。投手でありながら、打者としてはすでに主力選手並みの活躍をした。

　そして2014年、二刀流が本格的に始動する。その年のシーズン成績は、日本プロ野球史上初の二桁勝利（11勝）と二桁本塁打（10本）だった。この結果によって、賛否両論のあった議論に一定の終止符が打たれた。すなわち、二刀流に関して否定的な意見が少数派になったのである。

　2015年には、投手として圧倒的な成績（最多勝：15勝、最高勝率、最高防御率の投手三冠を獲得）を収めるが、打者としての成績は、芳しくなかった。そして2016年、彼は日本でのキャリアハイの成績を上げる。この年、日本プロ野球史上初の「10勝、100安打、20本塁打」を達成し、二刀流として圧倒的な成績を収め、MVPも獲得した。

　ところが、2017年は故障の影響で、投手としても打者として本領を発揮することができなかった。しかしながら、わずか5年間であったにもかかわらず、日本プロ野球界における大谷翔平選手の前人未到の活躍は、新風を吹き込んだ。そして、彼の投手としての、あるいは打者としての潜在能力の高さを示すことにもなった。

日本で「二刀流」、アメリカで「two-way player」を確立

　大谷翔平選手は2018年、ポスティングシステムを利用して、念願のメジャーリーガーとなった。彼は、名門球団よりも、二刀流への考え方や育成方針を尊重してくれる球団を選んだ。そして、世界最高峰のメジャー

リーグでも、見事に二刀流としてメジャー史上初の「10登板、20本塁打、10盗塁」を記録し、新人王にも輝いたのだ。

　しかし、そのシーズンオフに、肘の靭帯再建手術を受けることになり、2019年のシーズンは打者・大谷翔平として出場することになった。そしてこのシーズンには、日本人メジャーリーガー初のサイクルヒットを達成する。だが、そのような偉業こそ達成したものの、膝の故障にも苦しんだ不本意なシーズンとなった。さらに2020年は、肘や膝の故障の影響もあり、投手としての登板はわずか2回、打者としても44試合の出場に留まった。

　一方で、メジャーリーグでは、two-way player（二刀流）が公式に定義されることになり、大谷翔平選手はメジャーリーグ初の「公式二刀流選手」として登録された。そして、2021年に投打5部門（投球回数・奪三振・安打・打点・得点）で「100」を達成し、MVPにも選出された。さらに2022年には、史上初の規定打席・規定投球回をダブルで達成し、15勝と34本塁打の成績を挙げた。

　こうして戦績を振り返ると、大谷翔平選手は決して順風満帆ではなく、度重なる困難を乗り越えてきたことがわかる（**表4-3**）。当初は、日本でもアメリカでも二刀流は無理だと言われた。しかし、それでも彼は、日本の

大谷翔平の年度別成績							
	年度	打撃成績			投手成績		
		本塁打	打点	打率	勝	敗	防御率
N P B	2013	3	20	.238	3	0	4.23
	2014	10	31	.274	11	4	2.61
	2015	5	17	.202	15	5	2.24
	2016	22	67	.322	10	4	1.86
	2017	8	31	.332	3	2	3.20
M L B	2018	22	61	.285	4	2	3.31
	2019	18	62	.286			
	2020	7	24	.190	0	1	37.80
	2021	46	100	.257	9	2	3.18
	2022	34	95	.273	15	9	2.33

足首の故障により
成績下降
二刀流に疑問符

新人王獲得

肘・膝の故障により
成績不振
二刀流は無理と
言われる

※2017年まで日本ハム、2022年7月18日現在　SPAIA

（NPB、MLB公式サイトをもとに杉浦作図）

表4-3　決して順風満帆ではない大谷翔平選手の年度別成績

プロ野球で「二刀流」を、アメリカのメジャーリーグで「two-way player」を確立してきた。そして今もなお、その挑戦は続いている。

2023年に開催されたWBCの決勝、最後のマウンドに上がったのは、この日も打者としても出場し、ユニホームを泥だらけにした大谷翔平投手だった。最後は、僚友でメジャーリーグ最強の打者と称されるM.トラウト選手（アメリカ）から三振を奪ってゲームセットと、完璧な結末で侍ジャパンが優勝した。その光景は、見る者の心を打った。

そして、信じ続けることは、自らの可能性を広げ、誰もが不可能と言われたことをも実現させてしまう、ということを教えてくれた。

唯一無二の自己実現がもたらす希望

生粋のアメリカ人ではない大谷翔平選手は今、アメリカの枠組みの中で活躍している。そして、アメリカに受け入れられている。アメリカでのベースボールの使命は、人々に希望と機会を与えることだ。その意味でも、彼はまさにベースボールの伝統と役割をきっちりと受け継いでいる。分断が深刻化する現代社会において、大谷翔平選手の活躍は、多様性を尊重すべきというアメリカの理想を象徴してもいると言って良いかもしれない。

ベースボールで最も劇的な瞬間は、ホームランと言われる。強いアメリカの象徴である。だから、昔からホームランバッターがヒーローなのである。これがアメリカにおける伝統的な価値観だ。

一方、これまでの常識を打ち破り独自の個性を貫く大谷翔平選手の姿は、今後のアメリカの進む道を示しているとも思えてならない。二刀流の価値は、圧倒的な個性を前面に出している点にある。いわば新しい価値観と言えるだろう。二刀流のほうが、1つの領域で圧倒的な能力を示す選手より、魅力的に映る。

彼には、昔ながらの古き良きアメリカのイメージはない。彼独自の二刀流をつくり出せば良い。例えば、バッターとして活躍しつつ、ピッチャーとしてはリリーフにまわるのでも構わない。進化を続ける大谷翔平選手がつくり出す道筋に照らされて、これから多くの若い選手が二刀流に挑戦を

してくるに違いない。

　大谷翔平選手は、新たな野球選手のスタイルを伝統的なメジャーリーグ
ベースボールに示していると言って良い。そして、多くの若い選手に「自
分にもできる」という希望と機会を与えている。それはまさに、アメリカ
のベースボールの使命と一致する。彼自身も、自分のスタイルで野球人生
をやり遂げたい、と願っているはずだ。それは実は、誰も歩んだことのな
いベースボールの新たな価値を築くことなのかもしれない。

　彼の二刀流への挑戦は、決して平坦ではなかった。肘の手術を経験し、
挫折を味わい、そして苦しみ、悩んだ末の進化がある。インタビューで見
られる彼の振る舞いや発言は、謙虚であり、誠実さを感じる。そして、誰
も歩んだことのない道への挑戦は、自分にも何かできるのではないか、自
分もいろいろと挑戦してみよう、と多くの人に勇気や希望を与えている。
もし叶わなかったしても、その挑戦のプロセスに意味があるのではないか、
と思わせてもくれる。大谷翔平選手の二刀流への挑戦は、アメリカのベー
スボールの使命だけでなく、われわれ多くの日本人にとっても、刺激的な
スピリットであり、大いなる共感を生んでいる。

　「二刀流」という圧倒的な個性と存在感を放ちつつ、前人未踏の領域に挑
戦し続ける大谷翔平選手の一挙手一投足から、これからも目が離せない。

10. ドーピングとアンチドーピングの闘い

アンチドーピングに対する闘いのはじまり

　ドーピング（doping）は、南アフリカ共和国の原住民カフィール族が祭
礼や戦闘で士気を高めるために飲んでいた「dop（ドップ）」という強い酒
が語源であると言われている。これが、英語でdopeとなり、麻薬や興奮剤
と訳されるようになった。そしてそれは、スポーツの現場で「薬物を使っ
てパフォーマンスを向上させる行為」という意味で使われるようになった。

　ドーピングとは、「競技力を高めるために薬物を不正に使用すること」で

ある。ドーピング検査の本来の目的は、ドーピングをしている選手を摘発することではなく、クリーンな選手の権利を守ることにある。スポーツの勝利者は、ルールに則ったフェアな戦いであるからこそ、称賛される。ドーピングを許容していたのでは、スポーツの価値そのものが否定されることになる。

またドーピングは、選手の健康を害し、社会的にも悪影響を及ぼす。今の時代、スポーツが社会に及ぼす影響は、決して小さくはない。そのため近年、スポーツ界のみならず社会全体で、アンチ・ドーピング（ドーピングを禁止し、根絶する）活動に取り組んでいく必要性が強調されている。

しかし、スポーツ界における数々のドーピング汚染が近年、世界的な問題となってきており、これに対応できる国際的な独立機関（組織）の設立の必要性が叫ばれるようになった。そして1999年、世界アンチ・ドーピング機構（WADA：World Anti Doping Agency）が設立されるに至った。

WADAは、各国のオリンピック委員会だけでなく、それぞれの国の政府も関与している。ドーピング撲滅のために「中立性と透明性」を掲げ、これまで競技団体（種目）ごとに定められていた禁止薬物の定義、検査・分析方法（**図4-7**）、違反者への処分などについて、統一の規則を策定している。また、ドーピング撲滅に積極的でないスポーツの競技団体や地方自治

（「日本オリンピック委員会アンチ・ドーピング―夏の勝利者をめざして―1994」などをもとに作成）
（杉浦「日常生活に活かす『スポーツ科学リテラシー』」より）

図4-7　ドーピング検査の手順

体に対しても強い発言力を持つ。

闘いの困難さを浮き彫りにしたロシアの組織的なドーピング問題

しかし、この統一規則について、アメリカのメジャーリーグ、NBA、日本のプロ野球、Jリーグなどのプロスポーツ（商業スポーツ）は、適用を義務づけていない。プロスポーツ業界には、これ以外にも多くの問題が山積しており今後、解決しなければならない大きな課題が山積している。とは言え、国際的なレベルでドーピング撲滅の機運が少しずつだが、高まってきていることは紛れもない事実である。

そんな矢先、ロシアの組織的なドーピング問題が発覚する。明るみに出たのは、2014年12月である。WADAは、この不正（問題）に対して数年の歳月をかけて調査を行い、2019年にロシア選手団を以後4年間、国際的な主要大会から除外すると決定した。それにより、2020東京オリンピック・パラリンピックや2022北京オリンピック・パラリンピック、2022ワールドカップ・カタール大会においても除外の対象となった。

ロシアの組織的なドーピング問題は、発覚から6年を経てすったもんだの末、一応の決着に至った。すなわち、ドーピング違反は「一部の選手とその関係者による行為」と解釈されてしまったのである。国や組織（WADA、IOCなど）のさまざまな思惑が複雑に絡み合った結果である。かかった歳月の割には、ドーピングの根絶に対し、曖昧な決着（裁定）となったと言えるだろう。

ドーピング問題は、選手自身やそのコーチらの選手の体調管理の拙さ、といった単純な構図によるものでは決してない。現代における競技スポーツの価値観、すなわち勝利至上主義や巨額の利益といったものが腐敗・不正を引き起こすのだ。その象徴がドーピング問題である。ロシアの組織的なドーピング問題は、アンチドーピングの闘いのむずかしさを改めて浮き彫りにしたと言って良い。

終わりなき自己の可能性の追求こそが競技スポーツの真の姿である。真のぶつかり合いがなければ、競技スポーツは面白くない。その種目の絶対

王者と言われている選手でも、必ず勝てるとは限らない。オリンピックを見ていれば、そのことがよくわかる。だからと言って選手は、必ず勝てるという保証を薬物に求めてはならない。

　トップアスリートになると、WADAに対して365日間の滞在先の提出が義務づけられる。そして、そこに検査官が出向いて、抜き打ちのドーピング検査が行われることも少なくない。また近年では、選手の血液成分を定期的に採取・記録することで、ドーピングによる生体変化を読みとる「生体パスポート」制度も導入されている。WADAは2014年、採取した検体の再検査のための保存期間を従来の8年間から10年間に延長することも決めた。巧妙化するドーピングの対策の一つで、現在検出できない新種の薬物でも、医学技術の発達によって将来、摘発できるようにするための措置とも言える。

　しかし、そこまでしてドーピング検査体制を厳格にしなければ、フェアに戦えないというのでは、悲しい。スポーツにおける倫理とスポーツ観の転換が重要になってくるだろう。

「競技スポーツ観」の本質や価値を見直す必要を問いかける

　今や、トップアスリートの高みへの挑戦に、科学の活用は欠かせない。しかし、科学の活用がドーピング対策ばかりでは切ない。ドーピングを伴う悪しき欲望やお金が結びついた勝利への追求は、人や社会を変えてしまう。腐敗・不正は、連帯、他者への敬意、ルールの遵守、そして勇気、専心、努力、克己といった人間・社会性の崇高な行為を破壊する愚行と言って良い。近年のドーピング問題は、われわれにも「スポーツとは何か？」を改めて問い直している。

　パフォーマンスのさらなる向上（競技スポーツの向上）は、科学者、アスリート、コーチの協働作業によって達成されたものであり、まさしく理論（科学）と実践の統合の賜物と言える。トレーニング・競技現場での経験・情報・観察、問題提起・仮説をもとに、合理的な事象を追求し、エビデンスとして確認するサイクルを繰り返し、また新たな発見によって、パ

フォーマンスの向上が図られていくのである。

　このことこそが、人にしかできない行為であり、人はそこから学ぶのである。われわれは、競技スポーツの本質や価値が「人間形成」にあることを常に念頭に置いておくべきだろう。人は、常に進化し続けなければならない。科学の進歩と同等の人間社会の進化がなければ、人類は滅びるしかない。われわれは、科学と共存し、未来に挑戦し、知恵を創出していかなければならない存在なのである。

ドーピング問題を生む暗部から考える「生き方」

　現代において、競技スポーツが社会に及ぼす影響は決して小さいものではない。そんな時代だからこそわれわれは、アスリートはどうあるべきか、スポーツは何を示すべきか、競技スポーツの本質や価値をどうとらえるべきかを今一度、問い直すべきではないだろうか。

　今後の課題は、「競技スポーツでいかにして勝つか」ではなく、「なぜ競技スポーツをするのか」にある。なぜトップアスリートは自らを追い込んでまでも競い合うのか、われわれは、そこに真のスポーツの存在意義、アスリートの魅力を見出すべきである。そしてアスリートらの努力や個性の系譜から、人の生き方に必要な気づきや学びを得る必要がある。トップアスリートは、競技スポーツに一意専心で取り組む。そしてわれわれは、そこに自らの人生を重ねながら、勇気や希望、夢に向かっていく力をもらう。

　人生の目標は、成功ではなく、成長し続けることにある。その継続から、人として生きることの意味を見出すのである。その過程において、さまざまな葛藤や決断、栄光と挫折、歓喜や悲哀などを経験する。それによって、人は気づき、学び、そして成長、進化していくのである。

　それには、スポーツやアスリートがクリーンでフェアであることが大前提となる。誘惑に負けてもたらされた不正行為、そこで得られた汚れた人生に、どれほどの価値があるのだろうか。それでは、決して真に豊かな人生など送れないだろう。ドーピング問題を単に競技スポーツにおける課題と捉えるのではなく、われわれの生き方にも敷衍させたいと思う。

第5章
未来に挑む

1. 物事の本質を究める

人生に活用できる「最適解」を求める姿勢を養う

　「物事の本質を見極める」とは、どのようなことなのだろうか。

　「本質」とは、「欠くことのできない最も大事な根本の性質・要素」である。また、「見極める」とは、「物の真偽を十分検討した上で、判定し確かめる」である。したがって、「物事の本質を見極める」とは、「それぞれの性質や要素に存在するメリットとデメリットを考え、その根本を理解し、その上で、状況に応じて、物事を臨機応変に使い分けること」になる。

　本質を見極めることにおける「事始め」は、事柄に対して興味を持ち、観察し、物事を把握する（知る）ことにある。次に、先入観を捨てて、それを俯瞰的に捉え、ときには常識を疑い、創造的な視点から明らかにしていくことが必要となる。これらができれば、今よりワンランク上の視点から、物事を見ることができるようになるだろう。さらに、世界が広がれば、物事に対する問題点が浮き彫りになり、新たな知的好奇心が芽生えてくる。そして、再び自分なりの最適解を見い出すことになるだろう。これこそが、人生の醍醐味でもあり、豊かさにつながる楽しさでもある。

　同じ授業を受けていても、何が気づき（分別できる）となったか、何が学び（理解できる）となったかが違えば、自ずと人生に活用できることも異なってくる。人生で起こる物事の「何が本質であるか」に一早く気づき、その本質をたくさん吸収していけば、人生が豊かになるだろう。

　そのためには、物事の核心がどこにあるのか、それを見極めていくことが重要になる。

大学の授業においても、まったく同じ考え方で向き合えば良い。授業で提示される「科学知」は、すべての受講生にとって同一である。一方で、教授された「知」の何に気づき、何を学ぶかは、受講生一人一人それぞれで異なる。もちろん、気づき、学びが異なれば、出される「解」も異なってくる。要するに大学とは、科学知を専門知や生活知に変換し、それらをどのように実践活用していくかを問う場なのである。すなわち、自らの人生に活用できる「最適解」を求めていく姿勢を養っていくことが、大学の本旨ということになる。

得られた「知」を修め、人生に活かす楽しさを味わう

　与えられたことを着実にこなすのは、もちろん大事なことではある。しかし、受動的な姿勢に終始することは、避けたい。重要なのは、真意を察知し、相手のニーズを汲み取ることである。これは、あらゆる場面で求められる能力である。これからの人生において求められることは、能動的な姿勢である。

　物事の本質を見極める能力とは、自分で気づき、主体的に行動できることをも意味している。インターネットは、確かに便利ではある。現代においては、当たり前の情報ソースであることは間違いない。しかしながら、インターネットでは、理解できないこと、知りたくないことに耳を傾ける機会が圧倒的に少なくなってしまう。その結果、興味を狭め、吸収できる知識が局限されかねない。インターネットの世界では、AI等の技術の進化によって、受信者の興味（検索結果など）に絞り込まれた情報ばかりが表示される仕組みがますます進んでいく。であればこそ、自分の興味のないことにも意識を向ける機会をつくることがより大切である。

　そのためには、情報に対して、主体的に接することを心掛けたい。ぼんやりと本を読んだり、何となく人の話を聞いたり、インターネットで流行りものを検索するだけでは、情報への主体的な接し方がなかなか身につかないからだ。

　物事には、さまざまな見方がある。したがって、「解」はたくさん存在す

る。そんなとき、この物事の本質は何か、この情報の意味は何に結びつくのか、そのような問いを自らに繰り返し投げ掛け続けることが重要となる。これを繰り返していれば、物事の奥深さ（本質）に気づくことができるはずだ。

　物事の本質を究めるということはまた、人の深い想いや考え方に接することにもつながる。知識は、得るだけでは物足りない。得られた「知」を自分に心の中に修め、人生に活かすことの愉しさ、喜びをぜひ味わってもらいたい。

2.　知を愉しむ

知恵があると、人生を豊かにする機会に恵まれる

　大学は、科学で得られた「科学知」を、専門（学修）領域で活かすことのできる「専門知」や、日常生活に活かすことのできる「生活知」に変換し、それをどのように自分の人生に活用・実践していくかについて、トレーニングし、修得する場である。

　ここで言う、「科学知」とは特定の領域に存在する問題点を抽出し、それを解明できる（論理的に明らかにする）能力、「専門知」とは特定の領域を理解し、判断できる（問題を解決する）能力、「生活知」とは研究・専門知を汎用し、日常の生活を豊かにできる（wellnessの促進）能力となる。

　大学は、科学的な視点から広く知識や知恵を獲得し、専門の学問を教授・研究し、知的、道徳的および応用的能力を展開させることを目的とした学修の拠点である。知とは、知識であり、知恵である。知恵は、「知識」が「恵」と書く。したがって、多くの知識があれば、たくさんの知恵が芽生えることになる。逆に知識がなければ、知恵は持てない。知恵があるということは、人生を豊かにしていくチャンスに恵まれる、ということになる。大学では、広く深く知を得てもらいたい。

　「科学」とは、そもそも何か。「科学」については、さまざまな専門領域

の研究者たちが「科学とは○○である」とそれぞれに語っている。それらをまとめると、「一定の対象領域を持ち、現象を一定の目的と方法によって、系統的に研究・整理し、また応用する学問」となる。これが、科学の定義となろう。

具体的には、人文・社会学（系）と自然科学（系）から構成される総合学問である。人文・社会学を文系に、自然科学を理系にそれぞれ言い換えると、わかりやすいかもしれない。人文・社会学系は、「真理の追究」であり、「道徳的な正しさ、納得できる道理を明らかにしていくことを追究する」となる。これに対し、自然科学系は、「真実の追究」であり、「いつどんなときにも変わることのない事実・事象を明らかにしていくことを追究する」となる。人文・社会学系と自然科学系を、それぞれの目的で区別すると、興味深い（**表5-1**）。

人文・社会学系と自然科学系を大局的に捉えれば、前者は「人が道を誤らないための真理の追究」の学問であり、後者は「人がより良い道を進むための真実の追究」の学問となるだろう。そして、科学（人文・社会、自然科学）は、相互に関連し合い、補完し合うことで社会に貢献している。

人文・社会学であろうと、自然科学であろうと、共通するのは、「新たな知を創る」という営み（探究）である。

人文・社会学系
「人が道を誤らないための真理の追究」

「道徳的な正しさ、納得できる道理を
明らかにしていくことを追究する」

自然科学系
「人がより良い道を進むための真実の追究」

「いつどんなときにも変わることのない、
事実・事象を明らかにしていくことを追究する」

（杉浦）

表5-1　人文・社会学≒文系、自然科学≒理系

「学問」＝「知の世界への冒険」

　「探求」のためには何より、「知」を愉しんでもらいたい。「知」を得ようとするときには、「楽しむ」より、「愉しむ」ことを目指すと良いだろう。なぜなら、多くの人にとって、「学問」の探究は、むずかしい作業の繰り返しで、わからないことに突き当たる場合も少なくないからだ。

　しかし、わからないからこそ、面白いと言える。わからないから、知らないことに興味を持ち、積極的に知ろうとする知的好奇心が自ずと芽生えてくる。そうなれば、「学問」を意識せずとも、「知」を得ることに傾倒するようになる。「学問」が「知の世界への冒険」だと思い、知を「愉しむ」姿勢をぜひとも身につけてほしい。

　「楽しむ」とは、すでに設定された範囲で与えられたことに対して、楽しむことであり、どちらかというと、「受動的」なイメージとなる。「楽」という字は、「ラク」とも読む。やらされている苦しいことでも、切り替えて楽しんでできると、「楽」になる。本来、自分が求めていることではなくても、それが一時的なものだとわかっていても、切り替えれば、われわれは「楽しむ」ことができる。

　これに対して、「愉しむ」とは「能動的」なイメージとなる。「愉」には、りっしんべんがある。りっしんべんは、「心」を意味する。心から楽しむこと、すなわち自身の気持ちや想いから自然と生まれる楽しみを素直に感じられる状態と言える。与えられたことや限定された「枠」の中で「楽しむ」ことも良いが、それを超えて「愉しむ」ことにぜひともチャレンジしてもらいたい。自分の心構え次第で、自分の未来はどうにでも変わるのである。

　大事なことは、与えられた知識を習得するだけの受身の「知」ではなく、その「知」に積極的に関わり、新たな「知」を創造し、さまざまな人々、地域、社会をつないで一緒に行動できるような人物への成長を目指すことである。「知」を通じて多様な人々と協力しながら、社会課題の解決に貢献する人材になってほしい。

　「知」を愉しみ、自ら進んで変化を起こすこと、すなわち未来に挑戦していくことにこそ意味がある。

3. 非認知能力の向上

日常やビジネスで必要とされるabilityは、非認知能力と認知能力

　IQや学力といったテストなどで評価できる力（ability）を「認知能力（cognitive skills）」と言う。一方、物事に対する考え方、取り組む姿勢、行動などの日常生活・社会活動において重要な影響を及ぼす力（ability）は、「非認知能力（non-cognitive skills）」と言う（**表5-2**）。

　教育課程（小・中・高・大学）においては従来から、学力の向上、つまり認知能力を高くすることが目指されてきた。しかし近年、教育課程においては、非認知能力が注目を浴びはじめている。また、将来の人間力の向上や、それを活かした社会貢献の領域において、非認知能力の育成が必要不可欠である、と言われるまでになっている。

　非認知能力について、わかりやすく具体例を示すと、自身に関することでは自尊心、自己肯定感、自立心、自制心、自信など、また他者と関わることでは協調性、共感、思いやり、社交性、道徳性などがそれぞれ挙げられる。

　AIの進歩などにより、将来、今ある職業のほぼ半分がコンピュータに代替されるなどと指摘されている。そして、人が行うものとして生き残ると

認知能力
cognitive skills
IQ や学力といったテストなどで評価できる力（ability）

非認知能力
non-cognitive skills
物事に対する考え方、取り組む姿勢、行動などの日常生活・社会活動において重要な影響を及ぼす力（ability）

（杉浦）

表5-2　認知能力と非認知能力

考えられている職業の特徴から、学習能力の向上（学力、知識）とともに、人間力育成への需要が高まっている。

OECD（経済協力開発機構、2000年）は、社会で求められる能力として、「キー・コンピテンシー（key competency）」というものを明確化した。具体的には、①相互作用的に道具を用いる力、②社会的に異質な集団で交流する力、③自律的に活動する力が挙げられている。また、経済産業省は2006年、職場や地域社会で多様な人々と仕事をしていくために必要な基礎的な力として、「社会人基礎力」を提唱している。そして、「考え抜く力（シンキング）」「前に踏み出す力（アクション）」「チームで働く力（チームワーク）」の3つの能力を取り上げている。

非認知能力と認知能力は、相反するabilityではなく、お互いが深く関係し合っている。非認知能力の獲得は、認知能力の向上を促す。また、認知能力の獲得は、非認知能力を向上させる。この関連性があることを念頭に、非認知能力と認知能力はそれぞれを補完し合い、あるいは併せ持つことが望ましい。非認知能力と認知能力は、今後の人生における日常やビジネスで必要とされるabilityである。

これからの不確実なVUCAの時代にこそ大切な「非認知能力」

このように、さまざまな（認知・非認知）能力が求められる中で、とくに重要性が高まっているのは、主体性や情動や社会性などに関わる非認知能力である。不確実な社会では、正解のない問題への対応や、他者との協働作業の中で、新しい価値を創造することが求められるからだ。

非認知能力は、将来の教育達成や仕事の成果、健康やwell-being、主観的幸福などをはじめとする個人の成功につながるだけでなく、非行や犯罪を抑制するなど社会的にも便益が大きいとされる。そして、変化の激しい社会にあって、これからの不確実なVUCAの時代を生きていく上で、求められる能力として注目されていくと思われる。VUCAとは、「Volatility：変動性」「Uncertainty：不確実性」「Complexity：複雑性」「Ambiguity：曖昧性」の頭文字を並べた造語である。不確実性が高く、将来の予測が困難

な状況を表現していて、最近では教育の現場でも度々用いられている。VUCAの時代を生きていくためには、学生時代に主体的な気づきと学びを獲得することがなおさら必要になるのである。

　われわれには、共生・協働というわが国独特の文化がある。それを強みとして活かしながら、主体性を持った「非認知能力」を発揮して、生涯を通じて人生に挑み続けよう。

　そして、その能力の涵養に好適な手段の一つとして、「体育・スポーツの活用」を挙げたい。同時性（空間性）、身体性、そして協働性を保ちながら、身体を活動させていく「体育・スポーツ」には、人生の日常・社会生活に必要不可欠な非認知能力を養えるポテンシャルがある、と信じている。運動能力の向上や競い合いだけが、体育・スポーツではない。身体を動かすこと、言い換えれば、脳を機能させる（第3章参照）ことで、「非認知能力」が向上し、人生を豊かに過ごすために必要な気づき・学びを得ることができる。人に本来備わっている身体活動の意義を改めて認識しておきたい。

4. 人生は「Science and Art」
　　—Only one, Good luck, and Amazing Journey

自分らしさに喜びと誇りをもって歩く「Only one」の人生の創造

　人を創る際に欠かせないのが「Science and Art（科学と技芸）」である。

　人生の中で起こることのほとんどは、多くの人が経験することである。また、自分史を振り返ってみれば、そこには他者とほとんど変わらない人生が存在していることに気づかされる。例えば、多くの人が国の教育制度に従い、「小学生」「中学生」「高校生」「大学生」、そして「社会人」という人生を送っている。

　とは言え、それがすべてではなく、またみながまったく同じというわけでもない。100人存在すれば、100通りの自分史が存在する。

　人生は、個々人で異なる。個々に異なる差（個人差）は、科学では必ず

しも追えない（解明できない）。それが個性と言うものなのだろう。個性は、個々人の特性である。したがって、個性を持ち、それぞれで異なる人生は、「Science and Art（科学と技芸）」（**表5-3**）である。

　同じ人生の歩みは、2つとない。「たら」「れば」の人生もない。さまざまなことに遭遇するのが人生なのだ。人生に起こる良いことも悪いことも受け止め、そしてその結果、今の自分があるのだと認識したい。つまり、自分を他人と比較しても意味はないのである。向き合うべき対象は、自分自身であるということにぜひ気づいてもらいたい。それが何より大事である。

　さまざまなことに挑戦し、自分にしかできないこと、自分にこそ相応しいことを見い出し、自分らしさに喜びと誇りをもって歩く「Only one（唯一無二）」の人生を創造しよう。自己を理解し、自己実現に向けて、他者にも助けてもらいながら、up to dateを繰り返し、目標や夢に向かってもらいたい。そうすれば、きっと豊かな人生を送ることができるはずだ。

自分の人生に最高の誉め言葉「Good Luck」を贈ろう!

　オリンピックや世界選手権といった大きな国際大会では、決勝の前に審判や競技運営スタッフから選手にひと言の声掛けがあるという。

　その代表的なフレーズの一つに、「Good Luck（幸運を祈る）」がある。決

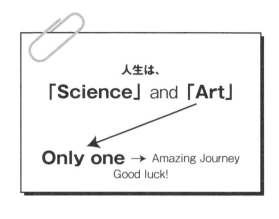

（杉浦）

表5-3　人生とは?

勝に辿り着くまで、世界の一流アスリートは肉体的、精神的に自分を追い込む。一つの夢や目標に向かって、彼らが流した汗と涙の量は、われわれの想像を超えたものだろう。彼らは、一意専心、不断前進の切磋琢磨があったからこそ、決勝の舞台に辿り着いた。これからはじまる試合やレースで世界チャンピオンが決まる、その雌雄を決する直前に、激励の言葉はいらないのだ。だからこそ、最後に彼らに贈る言葉として「Good Luck」が相応しい。

　このようなやり取りを一度でも良いから、自分の人生で経験してもらいたい。「Good Luck」は、自分らしさを理解し、実現し、それを繰り返し、熟達してきた自分への最高の誉め言葉であり、未来に贈る言葉なのかもしれない。

経験を積み、人々と出会というプロセスが人生の深みを生む

　「足るを知る」は、「たるをしる」と読む。直訳すれば、分相応に「満足することを知る」という意味となる。

　人生の多くの場面では、自己の長所や短所を正しく把握し、他者や自己を理解することが重要となる。そして、その過程で、共生、協働を経験していく。生きていくためには、他者との競争は避けられないものだが、長い人生においては他者ではなく、自己を超えていく、自身に負けない、ということに、生きる価値を見出すべきである。

　結局のところ、「足るを知る」とは、自身を知り、自分らしく生きることが日常的な幸福や達成につながることになる、ということである。人生は、そのように過ごしたい。

　これからはじまるライフステージの中途や節目で、「足るを知る」を顧慮し、日常を大切に過ごすことに是非とも心掛けてもらいたい。物質的、金銭的な豊かさばかりに執着せず、現状を受け入れて、自身の目標や夢に向かって取り組み、やり遂げることや成し遂げることに、こだわってもらいたい。その経験が人生を豊かにしてくれるのだから…。

　古今東西を問わず、「人生は旅である」と称される。

発明王のエジソンの言葉を借りれば、「The chief function of the body is to carry the brain around（身体の主な機能は、脳を持ち運ぶことである）」となる。

　また、人生の真の意味をつかむために旅に出た「奥の細道」で有名な松尾芭蕉の言葉なら、「月日は百代の過客にして、行きかふ年もまた旅人なり（ときは永遠の旅人であり、人生は旅そのものである）」となるだろう。

　人生は、静より動である。人が生きていく上で不可欠なことは、動くこと。それが第一義であることを忘れてはならない。動くことによって、未知なることへの挑戦がはじまるのである。そして、そういう生き方を繰り返していければ、人生は豊かになるはずである。旅の目的は、たくさんあって良い。人生の旅路では、未知の経験を積み、人々と出会い、その一つひとつのプロセスで自分の価値が高められ、人生に深みを増す。動くことで、新たな価値に気づき、そして学び、これまでにない発想や創造を生んでいくことを実感するだろう。

　君たちが動き、そしてその結果、君たちの人生が「Amazing Journey（素晴らしい旅）」になることを信じてやまない。

紙の本で鍛える

文字は脳を創り、人間を成長・進化させる

　人は新しいことを学ぼうとするとき、主に文字、音声、映像によってさまざまな情報を脳に入力する。文字は視覚野で、音声は聴覚野で、映像は視覚野と聴覚野の両方で処理され、それぞれの脳への入り方に違いはあるものの、いずれも言語野で認識される。このうち映像は、視覚と聴覚でアンテナを立てるので、得られる情報量が自ずと多くなる。

　したがって、脳に入力される情報量を比較すると、多いほうから映像、音声、文字の順になる（**図参照**）。パソコンやさまざまな記録メディアを使うわれわれ現代人は、この順番を直感的には理解できている。例えば、文字データだけの情報ならば、原稿は昔のフロッピーディスク1枚に余裕で入力できる。しかし、音声データの場合、圧縮技術と音質にもよるが、フロッピーディスク1枚では収まらず、CD1枚（録音時間は約70分）が必要になる。さらに映像データとなると、DVDやBDといったより容量の大きい媒体が必要になることを経験的にも知っている。

　入力された情報が少ないとき、脳は足りない部分を想像して考えようとする

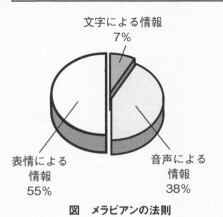

図　メラビアンの法則

という。つまり、脳は情報の少なさを補おうとするのである。映像や音声の情報は受動的に見たり、聞き流しがちになりやすいが、文字では能動的に繰り返し読む頻度が多くなる。すなわち、「これはどのような意味なのだろうか？」と頭を使って、主体的に考えることになる。これが、情報の欠落した部分を想像力で補うプロセスとなる。

「行間を読む」とは、よく読み手に求められることだ。つまり、筆者の伝えたい意味や意図を読者が想像して読み取るのである。「動画ばかりを見てないで、本を読みなさい」と指摘されるのは、その意味で一理ある。文字は、音声・映像よりも脳を活性化し、自分で考えるように導く、という特性があるのだ。

人類の進化やそれに伴う革新的発展の裏側には、文字の活用がある。実際、文字情報による知識の伝承の結果が文明である。文明とは、「文字による伝承によって人類が不滅になった現象」とも言われている。また、人類が築き上げてきた精神的所産が「文化」であり、これに対し、人知が進み、世の中が開けた結果得られた豊かな精神的・物質的所産が「文明」であると解釈されている。しばしば耳にする「文明の利器」とは、人間の夢や目標をイメージ（想像）し、それを実現（創造）させた産物である。その代表的な現代版の物や技術は、スマートフォンやタブレットなどであり、現代社会においては、それらの端末は欠かせないアイテムになっている。

そうした便利さを享受する一方で、文字の活用が脳を創り、人間を成長・進化させ、社会をより発展させいくことにつながっている、ということを、われわれは決して忘れてはならない。

電子書籍と紙の書籍の共存

これからの時代は、電子書籍と紙の書籍を上手に使い分け、それぞれの良さを享受すべきではないか。具体的な使い分けは、ジャンルや必要性などに応じて決めれば良い。個々人に応じた使い分けができれば、人生をより豊かにしてくれるだろう。例えば、多読用は電子書籍で、精読用は紙の書籍で、が理にかなっている。

電子書籍は、簡単で広範囲な知識を素早く知りたいときの簡単なリサーチや、何気ない目的を持たない読書に向いている。電子書籍（教科書）の利点は、かさばらず、膨大な情報にアクセスできるなどである。データの共有もできて、双方向の学修支援プログラムも可能になる。また、電子教科書を使うことで、

電子化が進む高度情報社会への適応性も養われる。ただし、画一的な電子書籍では、五感に訴える情報が少ないため、記憶に残りにくく、脳の活性化が乏しくなると言わざるを得ない。要するに電子書籍は、使い方を間違わなければ良いのである。人間が脳を使う習慣を失わなければ、電子書籍のみならず、デジタル化は何ら問題ない。

　一方、紙の書籍は、表紙や版型、装丁など五感（味覚を除く）に訴える情報が多く、脳の記憶に残りやすい。その見た目や手触りや匂いに拘る人もいるだろう。これも、紙の書籍の独特の楽しみ方なのかもしれない。また、本の厚みが与える何ページにも及ぶ量的な感覚や交互に右ページと左ページをめくるリズム感などの付加的情報も、ある程度まで脳に記憶され、その感覚や記憶なども利用できる。さらに、紙の本には、物質的な愛着も湧きやすい。電子書籍のスクロールでは、この量的な感覚などの再現がむずかしい。

　紙の書籍の良さは、電子書籍と比較して、労力と時間がかかることにもある。学修するとき、遠回りは必ずしも無駄にはならない。物事を理解し、修得しようとするとき、近道はむしろ避けたい。労力と時間をかけることは、学び・修めることにおいて必要不可欠な要素である。学修に、効率や格好良さを追求する必要はない。無駄なことから学ぶことは案外、多いものだ。時間が許す限り、無駄なこともできるだけ行ったほうが良い。無駄なことをする中で、合理的ということを体験し、新しい発見にたどり着くことだってある。つまり、紙の書籍を用いた千思万考、試行錯誤によって、脳が創られる側面もあるのだ。創造することに挑戦する経験を活かして、未来を切り拓いていくこともできる。

　紙の書籍には、著者や出版社の意図や想いをオリジナルに近いカタチで継承していくという価値と役割もある。文字文化を完全に電子化してしまうと、ややもすると電子的な文字面だけを追うという表面的な見方しかできなくなることが懸念される。紙の書籍には、オリジナリティがあり、創造力・想像力がある。読者は、それらを読み解いていかなければならない。紙の文化を失ってはならない。

脳を創る紙の書籍!?

　30年以上も前に現在の大学に赴任したとき、空っぽだった筆者の研究室の書架は、今では専門書で溢れている。紙の書籍だらけである。紙の書籍は一つひとつに手がかりがたくさんあるので、脳裏にはその本の色やデザインなどが刻

まれている。とくに読み込んだ書籍の場合は、掲載されている文章や図表の位置までもが画像のように脳に記憶されている。これらが電子書籍だったら、どうだろうか。しっかりと脳に刻まれただろうか。

　脳を創るということにおいて、紙の書籍は欠かせない。つくづく、そう思う。書籍が溢れる研究室を訪ねてみてほしい。そこにはきっと未来がある。

おわりに

　どのような学生生活を送るか、その過ごし方が、その後の人生に少なからず影響を与えることになる。そして今後は、ますますその傾向が強くなっていくだろう。なぜなら、これからの社会は、構造が複雑化し、価値観が多様化し、さらに予測不能になっていくからだ。

　実際、今から数年前に、誰が新型コロナウイルス感染症拡大によるパンデミックを予見できただろうか。パンデミックでは、不要・不急の外出制限にはじまり、必要・不必要なことの選別を余儀なくされ、不確実な情勢に応じた自らの行動の善悪が問われた。今後は、個々人が未来を的確に見据え、問題を解決できる能力が求められるようになる。

　その問題解決能力の基礎は、大学時代に学修しておきたい。時代の変化に即してカタチを変えながら日々生起する問題に直面し、あるいは発見したとき、それらについて自ら主体的に解決できる能力が必要になる。そのときに役立つのは、大学で修得した知識・知恵（気づきと学び）であるに違いない。

　未来を的確に見据え、問題を解決していくためには、自らの専門分野を深く追究するだけではなく、多くの分野・領域に広く関心を持って学ぶことが求められる。このような広範な視野に立ってこそ、問題を解決に導き、未来を創造できるようになる。

　大学が果たす本来の役割は、専門研究の人材育成にある。しかし現実には、研究職に就く学生は極めて少ない。多くは、一般職に就くのである。したがって、大学では、それぞれ特定の領域における「研究知」「専門知」と、日常生活に活かすことのできる「生活知」を学ぶことになる。つまり大学とは、社会人となり、長い人生を歩いていくための羅針盤となる「知」を修得する最高学府なのである。

　豊富な知識量があることが求められる時代は終わった。また、言われた

こと、与えられたことを忠実にこなせば、良い評価をもらえるという社会でもなくなっている。これからの時代は、個々人が持つ知識を用いて、新たな「知」を見い出し、未来の創造に必要な個性を創出することが期待されている。

　社会へ出ていくと、あるいは長く人生を歩んでいくと、制約のない環境などないことに気づかされる。現実は、思うようにはいかない。そのとき、他責思考にならず、今ある環境の下で、自分らしさを失わず、最適解を導き出す姿勢を持ち続けていきたい。どんな難問にも必ず答えがあると信じる、そのような考えや想いの小さな積み重ねが人生を豊かにしてくれる。

　「年齢を重ねて若さがなくなったら、人生はつまらない」といった考え方では、人生に意味を見い出せない。人生は、歳月をかけて自身を成長・進化させていくからこそ、意義があるのだ。

　そのためには、高校教育までに得られた基礎知識を土台にして、大学ではさらなる気づきと学びを得て、自身の人生に活用できる「すべ（戦術）」を獲得してもらいたい。そして、その術を活かした「はかりごと（戦略）」を練ることができるようになれれば、人生を楽しく（愉しく）、豊かに過ごしていくことがきるようになるに違いない。

　人生は、旅である。Good luck ！

2023年10月
海風渡る「あけみ」を臨む明海大学浦安キャンパスにて
明海大学不動産学部教授　杉浦雄策

◎参考文献

第1章　学びの精神
・『野村ノート』野村克也（小学館）2009年
・『大学で何を学ぶか』加藤諦三（KKベストセラーズ）2017年
・『大学生の学び・入門 大学での勉強は役に立つ！』溝上慎一（有斐閣）2021年

第2章　人生を豊かにする
・『自由に振る舞って然も他人に迷惑を及ぼさぬ行動が出来るようになる』学校法人順天堂（学校法人順天堂）1996年
・『使える！『徒然草』齋藤 孝（PHP研究所）2005年
・『学習する学校―子ども・教員・親・地域で未来の学びを創造する』ピーター M センゲら 訳リヒテルズ直子（英治出版）2014年

第3章　健康・体力を創造する
・蝦名玲子：『人々を健康にするための戦略 ヘルスコミュニケーション』蝦名玲子（ライフ出版社）2013年
・「プレメディカル構想―スポーツを通じた健康都市づくり―不動産学、健康科学・行動科学、社会学の知恵を結集して」杉浦雄策　樋口倫子（明海フロンティア13. 31-36. 2014）
・「スポーツ・体育の連続体」阿江通良（スポーツ庁スポーツ審議会）スポーツ基本計画部会）意見伺いの会メモ抄、2016年7月5日）
・『運動生理学の基礎と応用―健康科学へのアプローチ』長澤純一ら（NAP社）2016年
・「不確実な時代における身体活動の意義を問う―フィジカル・リテラシー教育導入の提案」杉浦雄策　樋口倫子（日本保健医療行動科学会雑誌　35.2. 15-22. 2021）
・『あたらしい脳科学と人工知能の教科書』我妻幸男（翔泳社）2021年
・『日常生活に活かすスポーツ科学リテラシー』杉浦雄策（ライフ出版社）2022年
・『新版・一流の頭脳 運動脳』アンデシュ・ハンセン 訳 御松由美子（サンマーク出版）2022年

第4章　アスリートに学ぶ「挑戦」「イノベーション」
・『イノベーションの達人！発想する会社をつくる10の人材 フォスベリーの背面跳び』トム・ケリー、ジョナサン・リットマン、鈴木主税訳（早川書房）2006年
・「スピード水着 日本勢苦戦も『腕力勝る選手が有利』」河合正治（読売新聞2008年6月22日）
・『徹底討論 鍛える！嫌われても憎まれても果たすべき大人の役割』石原慎太郎　松平康隆（小学館）2009年
・『野茂英 日本の野球をどう変えたか』ロバート・ホワイティング　松井みどり訳（PHP研究所）2011年
・『スポーツと薬物の社会学－現状とその歴史的背景』アイヴァン・ウォデイングトン アンディ・スミス、大平章、麻生享使、大木富 訳（彩流社）2014年
・「論点　勝利優先のスポーツ観 転換を」（読売新聞2016年2月3日）
・『桜の軌跡 ラグビー日本代表 苦闘と栄光の25年史』スポーツ・グラフィック ナンバー 編（文藝春秋）2016年
・『浅田真央 私のスケート人生』浅田真央（新書館）2017年
・『イチロー引退特集号2001-2019 MLB全軌跡 スラッガー 5月号増刊』石田陽介編（日本スポーツ企画出版社）2019年
・『なぜ大谷翔平はメジャーを沸かせるのか』ロバート・ホワイティング、阿部耕三訳（NHK出版）2019年

・「4×100mリレー・パフォーマンス向上のためのアンダーハンドパス技術と戦略」杉浦雄策、佐久間和彦、杉田正明（陸上競技会誌19.1. 65-77. 2021）

第5章　未来に挑む
・『脳を創る読書』酒井邦（じっぴコンパクト文庫）2017年
・『本質をつかむ聞く力』松原耕二（筑摩書房）2018年
・『知的探求の自由』佐賀浩（教育史料出版会）2000年
・『はじめてでも、ふたたびでも、これならできる！レポート・論文のまとめ方』新田誠吾（すばる舎）2022年
・『この一冊できちんと書ける！論文・レポートの基本』石黒圭（日本実業出版社）2022年

すぎうら　ゆうさく
杉浦　雄策

◎著者プロフィール
明海大学不動産学部 教授（運動生理学、スポーツ医科学）
順天堂大学体育学部に入学し、同大学陸上競技部（短距離）に所属。その後、同大学大学院で体育学研究科体力学（運動生理学）修士課程を専攻し、1988年に体育学修士を取得。2002年から横浜市立大学大学院医学研究科（整形外科）で「トップスプリンターのハムストリング肉ばなれに関する研究」を順天堂大学スポーツ医学・陸上競技研究室と共同で実施。2008年に横浜市立大学で博士（医学）を取得。2009年より現職。スポーツ科学講義、スポーツ科学演習、健康・スポーツ講座などを担当。日本臨床スポーツ医学会。主な著書に『日常生活に活かすスポーツ科学リテラシー』（ライフ出版、2022年）、共著書に『運動生理学の基礎と応用』（ナップ、2016年）、『世界一流陸上競技者の技術』（ベースボール・マガジン社、1994年）など。

学生生活と
ライフマネジメント

2023年10月6日　第1刷発行

著　者　杉浦 雄策
発行者　株式会社ライフ出版社
　　　　〒101-0065東京都千代田区西神田2-7-11北村ビル202
　　　　TEL03-6261-5980　FAX03-6261-5981
　　　　E-mail　public-health@clock.ocn.ne.jp

デザイン　株式会社フレックスアート
イラスト・図版　豆田尚子、株式会社フレックスアート
印　刷　錦明印刷株式会社

ISBN 978-4-908596-05-6　　©2023 Printed in Japan

ライフ出版社の既刊本

書 籍

知れば深まる! 健康政策とグローバルヘルスの立脚点としてのヘルスプロモーション戦略
ヘルスプロモーションの原点回帰

著者が整理したヘルスプロモーションの5つの顔「双方向モデル」「自律的制御モデル」「因果律モデル」「持続可能な健康指向型社会モデル」「空観モデル」をもとに、その驚異的な幅広さと奥深さを解説。ビッグデータ等をAI分析してパーソナルベストが提案される近未来の扉の向うに必要な、生活環境病と健康格差を地域社会が解決する持続可能な次世代型ヘルスプロモーションの姿を描き出す。

順天堂大学国際教養学部グローバルヘルスサービス領域教授・湯浅資之
A5版・252頁　定価 3,000円（本体）＋消費税　ISBN978-4-908596-03-2

書 籍

健康なまちづくりのエッセンス
社会創造的な展開がつくる「健康なまち」—Health Promotionのヒント

「Think Globally! Act Locally!」に徹する著者が、自治体支援で体感した「健康なまちづくりのヒント」と函館新聞のエッセイ「健康なまちづくりのエッセンス」をまとめた一冊。健康決定要因のコントロールの主体を「人々」に置き、「自らの健康」を重視したところにバンコク憲章の意義があるとする筆者が「ヘルスプロモーションは医学的・保健的なアプローチを超え、社会創造的な展開を必要としている」と訴える。

東洋大学ライフデザイン学部健康スポーツ学科教授・齊藤恭平
A5版・150頁　定価 2,500円（本体）＋税　ISBN978-4-908596-02-5

書 籍

事例分析でわかる
ヘルスプロモーションの「5つの活動」

ヘルスプロモーションの定義を再確認し、活動を展開するためのヒントを探る。狭義の健康増進活動からヘルスプロモーション本来の戦略への転換、言い換えれば、医学モデルから社会モデルへの転換という文脈のもと、現場の具体的事例を取り上げ、「ヘルスプロモーションの5つの活動」の観点で解説的に検証した一冊。

健康社会学研究会
B5判・192頁　定価 2,500円（本体）＋消費税　ISBN978-4-908596-00-1

書 籍

地域を変えた「絵本の読み聞かせ」のキセキ
シニアボランティアはソーシャルキャピタルの源泉
現役シニアボランティアが選んだ子どもたちに何度でも読んであげたい絵本 続々101選

地域を丸ごと元気にするヘルスプロモーションプログラムとしてのシニアによる絵本の読み聞かせ徹底ガイド。超高齢社会を乗り切るための「社会参加」「健康づくり」「認知症予防」の切り札である読み聞かせシニアボランティアの10年間のキセキ（軌跡・奇跡）とエビデンスを網羅。子どもたちや子育て世代はもちろん、高齢者をも支えるこれからのシニアの「社会参加」のあり方を 実践活動から提言する。

東京都健康長寿医療センター研究所社会参加と地域保健研究チーム研究部長　藤原佳典ほか
四六判変形・336頁　定価 2,000円（本体）＋税　ISBN978-4-9903996-9-6

超高齢社会を生きる医療保健福祉従事者なら知っておきたい!!

生活を分断しない医療

医療に「依存」する時代から 医療を生活資源として「活用」する時代へ

欧米が70年代、80年代に「医療の限界」を経験したのと対照的に、そのプロセスを踏まずに来たわが国が直面する超高齢社会における健康づくり、介護予防をはじめとした医療保健福祉の方向性をわかりやすく解説。患者の生活を分断しない病院、事業所、地域のあり方を急性期病院で改革に当たる行政経験豊富な筆者が提言する。

愛媛大学医学部附属病院医療福祉支援センター長　櫃本真聿

四六判変形・256頁　　定価 2,000円（本体）＋税　　ISBN978-4-9903996-5-8

地域包括ケアに欠かせない
多彩な資源が織りなす地域ネットワークづくり

高齢者見守りネットワーク 『みま〜も』 のキセキ

専門職たちが地元密着型の百貨店や建設会社、商店街などの地域資源とつながり合って高齢者を見守り、地域全体で支えていく「おおた高齢者見守りネットワーク・みま〜も」。話題沸騰の「SOSキーホルダー」「みま〜もレストラン」といったユニークな取り組みのプロセスを余すところなく紹介。地域を超高齢社会仕様に変容させるネットワークづくりのヒント満載の一冊。

大田区地域包括支援センター入新井センター長、牧田総合病院医療福祉部・在宅医療部部長 澤登久雄／東京都健康長寿医療センター研究所社会参加と地域保健研究チーム 野中久美子　ほか

A4判・120頁　　定価 2,500円（本体）＋税　　ISBN 978-4-9903996-4-1

健理学のススメ

―これからの健康支援活動を考えるヒント

健理学とは、豊かに生きるための健康支援方法を考える基礎理論の一つ。リスク因子よりもサルート因子を重視し、セルフケアやエンパワメントなどを応用し、専門家による価値づけをせずに、本人と支援者が相互に成長していくプロセスを尊重する考え方である。脱・医療モデルを意図した新しい時代の健康支援活動を担う専門職のためのガイドブック。

首都大学東京 都市環境学部 大学院・都市システム科学専攻域・教授　星旦二

A5判・144頁　　定価 2,000円（本体）＋税　　ISBN978-4-9903996-7-2

シニア向け

ノルディックウォーキング・ポールウォーキング GUIDEBOOK

超高齢社会のウォーキング・イノベーションの知識と技術、そして展開方法

超高齢社会を元気にする切り札がシニア向けノルディックウォーキング・ポールウォーキング。ポールの使用で転倒不安が減少し、下肢筋力やバランス機能、歩行機能がダイレクトに改善するため、フレイルや認知症等の予防はもちろん、ソーシャルキャピタル醸成にも資するツール。本書は、シニア向けの基本メソッドや、実践事例、指導時の注意点などを解説した一冊。

ノルディックウォーキング・ポールウォーキング推進団体連絡協議会

A4判・216頁　　定価 2,500円（本体）＋税　　ISBN978-4-9903996-8-9